Theodor Borkowsky

Quellen zu Swift's Gulliver

Theodor Borkowsky

Quellen zu Swift's Gulliver

ISBN/EAN: 9783743629677

Hergestellt in Europa, USA, Kanada, Australien, Japan

Cover: Foto ©Thomas Meinert / pixelio.de

Weitere Bücher finden Sie auf **www.hansebooks.com**

QUELLEN

ZU

SWIFT'S GULLIVER.

INAUGURAL-DISSERTATION

DER

HOHEN PHILOSOPHISCHEN FAKULTÄT DER UNIVERSITÄT

ROSTOCK

ZUR

ERLANGUNG DER DOCTORWÜRDE

VORGELEGT

VON

THEODOR BORKOWSKY

AUS GRAMENZ I. POMMERN.

HALLE A. S.

DRUCK VON EHRHARDT KARRAS.

1893.

Referent: Herr Professor Dr. F. Lindner.

MEINEM LEHRER

DEM

HERRN PROFESSOR DR. F. LINDNER

IN DANKBARER VEREHRUNG

GEWIDMET

VOM

VERFASSER.

Im gegensatz zu den modernen schriftstellern berufen sich die mittelalterlichen, wenigstens der mehrzahl nach, mit vorliebe auf eine alte quelle, ein buch, eine chronik, eine klosterurkunde u. dergl. Dieser contrast zwischen mittelalter und neuzeit tritt bei den angehörigen der letzteren, als welche wir Cyrano, Swift und Rousseau[1] anführen wollen, um so schärfer hervor, als diese gerade in das gegenteil verfallen und sich laut damit rühmen, nie eine quelle benutzt, sondern alles aus ihrem eigenen geistigen born geschöpft zu haben. Wie berechtigt es aber ist, derartigen hochtrabenden versicherungen mit misstrauen zu begegnen, entscheidet die thatsache, dass Cyrano und Rousseau bereits ihres originalitätsnimbusses par excellence entkleidet sind, und somit gewinnt die annahme für uns subjektiv an grösserer wahrscheinlichkeit, dass auch der dritte im bunde fremden werken nahe gestanden hat. Allein bis jetzt ist es noch nicht überzeugend gelungen, Swift von dem hohen piedestal seiner, fast möchte man sagen, sprichwörtlich gewordenen originalität herabzuwerfen, und der glaube an letztere hat in der literarischen welt so feste wurzeln geschlagen, dass es eines besonders gewichtigen materials bedarf, ihn zu entkräften. Selbst die arbeit Hönncher's "Quellen zu Dean Jonathan Swift's Gulliver's Travels" (Anglia X, p. 397—427 u. 428—456), die erste eingehende quellenuntersuchung für Gulliver's reisen, hat dies nicht zu stande gebracht. Sie hat zwar kräftig an diesem originalitätsglauben gerüttelt und ihn auch etwas aus dem gleichgewicht, aber nicht zu falle gebracht. Die

[1] Wir haben Rousseau um so lieber für diesen vergleich herangezogen, als zwischen diesen drei männern noch eine andere übereinstimmung besteht. Alle drei halten das menschengeschlecht für verderbt. Während aber Cyrano und Rousseau an die möglichkeit einer besserung desselben glauben, und zwar der erstere mit hilfe der wissenschaft, der philosophie, der letztere mit hilfe der natur, verzweifelt der misanthropische Swift gänzlich an einer solchen.

schuld hieran trägt nicht das material, sondern der verfasser. So wertvoll auch dessen abhandlung ist, so können wir derselben dennoch nicht ganz den vorwurf ersparen, dass sie den gebotenen stoff nicht intensiv genug ausgenutzt hat. Allein Hönncher lässt sich nicht nur diese eine, sondern noch eine zweite unterlassungssünde zu schulden kommen. Diese gipfelt in der übertriebenen vorsicht, mit welcher derselbe sich scheut, an stellen, wo es durchaus am platze gewesen wäre, mit bestimmtheit eine unmittelbare anleihe Swift's zu constatieren. Wir machen hier z. b. auf jene furchtbar realistische argumentation der mondbewohner Cyrano's und der Lilliputaner Swift's aufmerksam, welche das verhältniss der kinder zu den eltern zum gegenstand hat und von einer dankbarkeit der ersteren gegen die letzteren nichts wissen will (Anglia X, 411 u. 412). Hier kann nicht mehr davon die rede sein, etwas, was unverkennbar eigentum der schatzkammer Cyrano's ist, der geistigen productionskraft Swift's zuschreiben zu wollen. Dieser eine zug ist nach unserer meinung allein schon ausschlaggebend.

Bevor wir aber der untersuchung des abhängigkeitsverhältnisses zwischen „Gulliver's Travels“ und den „Voyages comiques“ Cyrano's näher treten, wollen wir zuvörderst den einflüssen nachspüren, die etwa aus anderen schriften ihren weg in das Swift'sche werk gefunden haben. Eine der glücklichsten bemerkungen in der "Voyage to Lilliput" ist jene köstliche stelle voll fein gewürzten humors und trefflich berechneter wirkung, wo Swift den kaiser von Lilliput schildert. *"He is"*, sagt Gulliver, *"taller, by almost the breadth of my nail, than any of his court; which alone is enough to strike an awe into the beholders"*. (Gulliver's Travels, ed. Tauchnitz, vol. 63, ch. II, 54. Nach dieser ausgabe citieren wir.) Lord Macauly hat in seinen "Critical and historical Essays" (Tauchnitz) V, 78 den versuch gemacht, nachzuweisen, dass Swift diese stelle einigen lateinischen versen Addison's entlehnt habe, welche derselbe bereits ungefähr 30 jahre vor dem erscheinen Gulliver's verfasst hatte. Wir halten diesen versuch für verfehlt. Dieses bild ist schon viel älter und findet sich bereits in dem unerschöpflichen werke des grössten satirikers Frankreichs. Dort wird durch dasselbe ebenfalls ein witziger effekt beabsichtigt, dessen pointe sich freilich in einer ganz anderen richtung bewegt. Im "Pantagruel" (liv. II, ch. XXIX) beschreibt Rabelais die keule des riesenanführers Loupgarou, der sich mit Pantagruel in einem zweikampfe messen will, folgendermassen: "*Alors Loupgarou s'adressa à Pantagruel auec vne masse toute d'acier de Calibes au bout de laquelle estoient treize poinctes de dyamants, dont la moindre estoit aussi grosse comme la plus grande cloche de nostre dame de Paris, il s'en falloit par aduenture l'espesseur d'vn ongle, ou au plus, que ie ne mente, d'vn doz de ces cousteaulx, que l'on appelle couppe oreilles: mais pour vn petit ne auant, ne arriere.*"

Als gegenstück zu den kriegerischen und ehrgeizigen fürsten schuf Rabelais das ideal eines königs in der riesenhaften figur des Grandgousier, der trotz seiner überlegenen stärke und macht friedliebender natur ist. Nur ungern und notgedrungen schreitet er zur abwehr des königs von Lerné, der plötzlich ohne triftigen grund raubend und plündernd in sein land eingefallen ist (liv. I, ch. XXVIIII, cf. hierzu noch liv. I, ch. XXIX).

Einen ähnlichen typus eines riesenhaften und dabei doch friedfertigen fürsten charakterisiert uns Swift in dem könig von Brobdingnag.

Zur veranschaulichung der riesigen grösse des jungen Gargantua und Pantagruel anderen menschenkindern gegenüber zählt Rabelais umständlich die enormen mittel auf, die zu ihrem lebensunterhalte aufgebracht werden müssen. Dasselbe thut Swift bei Gulliver in Lilliput und Brobdingnag, um den jeweiligen grössenabstand zwischen seinem helden und den bewohnern des betreffenden landes in ein recht grelles licht treten zu lassen.

Unter dem einfluss der satire Rabelais' scheint auch jene drastische art und weise entstanden zu sein, in welcher Gullivor die feuersbrunst in den zimmern der lilliputanischen königin löscht. Gargantua bedient sich wenigstens desselben mittels, um den parisern einen possen zu spielen (liv. I, ch. XVII). Die worte Gargantua's: „Ich werde sie mit wein traktieren, aber aus meinem eigenen keller" können Gulliver als ausgangspunkt für seine bemerkungen über die wirkung, die der wein auf sein urinorgan ausgeübt hat, gedient haben (Gull. Part I, ch. V, 82).

Die fatale situation der sechs pilger (liv. I, ch. XXXVIII), welche sich aus angst in einem garten zwischen bohnenstroh, kohl und lattich, der dort zu lande die grösse eines baumes hatte, versteckt hielten, schliesslich aber doch von Gargantua beim lattichpflücken mitgegriffen wurden und verzehrt werden sollten, erinnert ein wenig an die missliche lage und die grosse furcht Gullivers, welche er beim anblick der riesen empfindet, und die ihn antreibt, sich in einem kornfelde, dessen ähren entsprechend auch von enormer höhe sind, zu verbergen. Hier wie dort entgehen beide teile einem fast gewissen tode.

Die inscenierung der geister auf der zauberinsel Glubdubdrib (Gull. Part. III, ch. VII) möchten wir ebenfalls auf die bemerkenswerte episode des Epistemon zurückführen.[1] Epistemon wird im kampf der kopf abgeschlagen, später aber durch die wunderbare kraft Panurg's wieder angeheilt. Inzwischen lässt nun Rabelais die seele des letzteren in die unterwelt hinabsteigen. Zurückgekehrt, berichtet sie, was sie dort gesehen. Während die dichter und philosophen im schattenreiche ein herrliches leben führen, spielen die vornehmen und stolzen dieser welt, alle jene personen, welche einst in sage und geschichte einen hervorragenden platz eingenommen haben, könige, päpste und besonders die eroberer, daselbst eine klägliche rolle und sind zu den lächerlich entwürdigendsten verrichtungen verurteilt. Swift schlägt zwar ein etwas anderes verfahren ein, um seinen helden mit den geistern in berührung zu bringen. Gulliver steigt nicht zu ihnen hinab, wie Epistemon, sondern lässt sie sich durch die zauberkraft des geisterfürsten von Glubdubdrib herbeirufen. Allein diese kleine abweichung kann den aufmerksamen nicht täuschen, denn sie geschieht nur in der absicht, der erzählung, oder wenigstens dem, was eine erzählung wahrscheinlich macht, eine grössere wahrscheinlichkeit zu verleihen. Wir begegnen hier bei Swift einem ähnlich gemeinen hohne wie bei Rabelais, denn beide machen einen gleich armseligen gebrauch von dem herbeirufen der berühmten toten. Alexander der Grosse, der bei Rabelais beispielsweise in der unterwelt schuhe flickt, stirbt bei Swift infolge eines fiebergebärenden katzenjammers. Aber auch die geister der dichter und philosophen fehlen bei Swift nicht; während jedoch Rabelais hier seine vorliebe für die philosophie bekundet, offenbart Swift eine deutliche abneigung gegen dieselbe, besonders

[1] Den stoff zu dieser stelle des Rabelais hat Lucian in seiner Nekyomantie gestellt.

aber gegen die neueren systeme. Jene satirischen bemerkungen Swift's zur demütigung des eingebildeten ahnenstolzes der grossen: *"For, instead of a long train with royal diadems, I saw in one family two fiddlers, three spruce courtiers, and an Italian prelate. In another, a barber, abbot and two cardinals"* (Gull. 229) dürfte dagegen wohl auf jene stelle zurückzuführen sein, wo Rabelais das alter des geschlechts Gargantua's schildert: *"Je pense, que plusieurs sont aujourd'hui Empereurs, Roys, Ducs, Princes, et Papes en la terre lesquels sont descenduz de quelques porteurs de rogatons et de costrets."* (liv. I, ch. I.)

Das modell für die akademie von Lagado (Gull. Part. III, ch. V) findet sich ebenfalls bei Rabelais und zwar im fünften buche, wo das reich der königin Quintessenz geschildert wird. Beide autoren bekämpfen die illusionen und ehrsüchtigen thorheiten einer wissenschaft, welche formeln für ideen und träume für wirklichkeiten ansieht und geben sie der lächerlichkeit preis. Hettner (Literaturgeschichte d. 18 Jahrhunderts, Bd. I, 305) sucht Swift hier zu entschuldigen, indem er sagt, aus dieser anlehnung an ein vorhandenes motiv könne kein verständiger demselben einen vorwurf machen. Indes ist diese entschuldigung doch nicht ganz am platze, denn Swift macht sich an dieser stelle nicht nur die idee, sondern auch einzelheiten zu eigen. So z. b. ist die erwähnung der abhandlung des akademie-professors, die hämmerbarkeit des feuers betreffend, offenbar der stelle aus Rabelais entlehnt, wo es heisst: *"Autres coupoyent le feu auec vn cousteau"* (liv, V, ch. XXII). Auch jener ekelerregende gewinnungsprocess des ältesten professors der akademie (Gull. Part. III, ch. V, p. 211) zeigt eine deutliche verwandtschaft mit der beschäftigung eines Archasdarpeninen, eines quacksalbers, bei Rabelais (liv. V, ch. XXII). Allein wir wollen nicht verfehlen, schon jetzt darauf aufmerksam zu machen, dass auch Cyrano für die projektenwirtschaft in Balnibari und Lagado vorbildliche wirkung ausgeübt haben könnte. In der „Voyage comique dans la Lune" ist auch an zwei stellen von einem mathematiker die rede, der durch eine maschine den erdglobus herbeiziehen und ihn mit dem monde verbinden will (*hist. com. des Etats et Empires de la Lune et du Soleil par Cyrano de Bergerac. Nouvelle édition par P. L. Jacob, bibliophile. Paris, Garnier frères* ohne jahresangabe p. 182. Alle einschlägigen citate beziehen sich auf diese ausgabe).

Von diesem projektenmacher sagt der dämon; *"Quant au Mathématicien ne vous y arrêtez point, car c'est un homme qui promet beaucoup, et qui ne tient rien"* (ibid. 188).

In den partieen seiner reisen, in welchen Swift sociale und staatliche zustände erdichteter völkerschaften schildert und so zu einem vergleiche mit den in dem eigenen lande bestehenden auffordert, findet sich kaum ein völlig origineller gedanke. Wir erfahren meist nur dinge, welche schon längst vorher in einzelnen staatsromanen zum ausdruck gebracht waren und nur durch die eigenartige gestaltungskraft, in welcher Swift meister ist, einen fremden eindruck erwecken, ja es lassen sich sogar direkte entlehnungen constatieren. Wir führen hier zunächst die berühmte Utopie des kanzlers Heinrichs VIII. von England, Thomas Morus, an, die als musterschrift einer ganzen gattung den namen aufgedrückt hat. Von Morus spricht Swift im „Gulliver" mit der grössten verehrung (Gull. 226). Obwohl im allgemeinen in Utopien religionsfreiheit herrscht, so empfiehlt Morus dennoch eine gewisse beschränkung derselben, wie sie bekanntlich auch Rousseau und Robespierre gewünscht haben. Wer nicht an eine fortdauer der seele nach dem tode, nicht an eine göttliche vorsehung glaubt, wird im namen der moral damit gestraft, dass man ihm nicht die geringste ehre erweist und ihn von allen ämtern und öffentlichen funktionen ausschliesst (cf. deutsche übersetzung der Utopia von H. Kothe, Reclam, No. 513 u. 514, p. 136 u. 137).

Angeregt durch die motive, welche Utopus zur proklamierung der toleranz in religionssachen veranlassen, hat Swift seine schilderungen der religionsspaltungen und der daraus entstandenen kriege in Lilliput geschrieben. Seine satire wendet sich hier gegen die religionsunfreiheit, will aber gleich Morus von einer absoluten freiheit nichts wissen, wie aus folgender stelle hervorgeht: *"In like manner, the disbelief of a Divine Providence renders a man incapable of holding any public station"* (Gull. p. 86). In diesem punkte lehnt sich Swift offenbar sehr stark an sein vorbild an. Eine nicht geringe ähnlichkeit verraten auch folgende bemerkungen beider: „Was die anwendung von gewaltthätigkeiten und drohungen betrifft", sagt Morus (Kothe, a. a. o. 136), „um jemanden zu einem andern glauben zu zwingen, so schien ihm (dem Utopus) dies ebenso tyrannisch als „abgeschmackt", und weiterhin (ibid. 137) heisst es, „nur dass man ihnen (den materialisten) verboten hat, ihre grundsätze vor dem volke auszusprechen.“ Und Swift lässt den kaiser von Brobdingnag auf Gulliver's bericht hin über die einteilung seines vaterlandes in religiöse und politische sekten so argumentieren: *"He knew no reason why those, who entertain opinions prejudicial to the public, should be obliged to change, or should not be obliged to conceal them. And as it was tyranny in any government to require the first so . . . .* (Gull. p. 164).

Die bewohner Brobdingnag's leben unter kurzen, klaren, unzweideutigen gesetzen, welche keines kommentars bedürfen, die advokaten also überflüssig machen (Gull. Part. II, ch. II, p. 169). Gleiche gesetze existieren in Utopien. Im „Gulliver“ beschränkt sich die nachahmung indess mehr auf eine andeutung dessen, was im original mit so grosser vollendung durchgeführt ist (Kothe, a. a. o. 114 ff.).

Auf dem gebiete der bevölkerungslehre herrscht zwischen Swift und Morus ebenfalls eine gewisse übereinstimmung. Beide entpuppen sich als anhänger der späteren lehre des Malthus. Allerdings lässt Morus eine unbeschränkte zahl von kindern zu, aber für jede familie nur 10—12, der überschuss wird an weniger fruchtbare familien abgegeben (Kothe, a. a. o. p. 72). Desselben mittels zur herbeiführung einer gerechten verteilung der bevölkerung bedient sich Swift, und ist bei ihm, den verhältnissen des pferdestaates äquat, die zeugung gewissen beschränkungen unterworfen (Gull. 307).

Swift legt dem könige von Brobdingnag folgende antwort in den mund: *"That whoever could make two ears of corn, or two blades of grass, to grow upon a spot of ground where only one grew before, would deserve better of mankind, and to more essential service to his country than the whole race of politicans put together"* (Gull. 168).

Diese bedeutungsvolle wertschätzung des ackerbaues durch den riesenkönig findet in der Utopie ebenfalls ihren ausdruck, aber in einem bilde. Den fürsten schmückt dort als einziges abzeichen ein büschel kornähren, das er in der hand hält.[1] (Kothe, p. 114.) Dies symbol ist verständlich und bedarf kei-

[1] Diese anwendung von ähren als ehrenzeichen findet sich auch in der „Neu-Atlantis“ von Franz Bacon von Verulam nachgeahmt, cf. die deutsche übersetzung von R. Walden, Berlin, 1890, p. 42.

ner weiteren erklärung. Swift hat es einfach umschrieben, eine behauptung, die wir billigerweise nur als vermutung gelten lassen können.

Der zweite staatsroman, bei welchem der gute Dean anleihen contrahiert hat, ist die „Histoire des Sevarambes“[1], welche mit zu den besten erscheinungen auf diesem gebiete gezählt werden kann. Als verfasser derselben wird jetzt allgemein der Franzose Denys Vairasse d'Alais oder d'Allais, wie andere schreiben, angenommen. Absolut gesichert ist dessen autorschaft aber nicht.[2] Indem wir von den sonstigen berührungspunkten dieses romans mit „Gulliver“ abstand nehmen, beschränken wir uns bloss darauf, zwei in die augen springende entlehnungen Swift's festzunageln. In der „Histoire des Sevarambes“ (IIe partie, p. 36) heisst es: "*Les Sevarambes divisent le temps comme nous par années ou révolutions Solaires, ils le subdivisent aussi par mois ou révolutions lunaires: car ils ne comptent point par semaines*". In „Gull. Tr.“ (Part. IV, 312) haben die pferde dieselbe zeitrechnung. "*They*", so heisst es dort, "*calculate the year by the revolution of the sun and the moon, but use no subdivisions into weeks*".

Einen noch eklatanteren beweis für Swifts plagiarismus liefert seine schilderung der lilliputanischen mode, zu schreiben: "*Their manner of writing is very peculiar, being neither from the left to the right, like the Europeans: nor from the right to the left, like the Arabians; nor from up to down like the Chinese, but aslant, from one corner of the paper to the other, like the ladies in England* (Gull. Part. I, 83). Dieselbe schreibsitte hat Sevarais die Sevaramben gelehrt: "*Il leur apprit à écrire par colomne, commençant par le haut de la page et tirant en bas de la gauche à la droite en bas à la manière de plusieurs peuples de l'orient*" (Hist. des Sevarambes, IIe partie p. 251). Diese stelle dürfte vielleicht auf die schreibweise der

---

[1] Der vollständige titel lautet: "Histoire des Sevarambes, peuples qui habitent une partie du troisième Continent communément appellé la Terre Australie. Contenant une Relation du Gouvernement, des Moeurs, de la Religion, et du Langage de cette Nation, inconnuë jusques à présent aux Peuples de l'Europe". Der erste teil erschien 1677 zu Paris (Barbier), der zweite 1678 u. 1679, 2 Bde in -12. Seitdem wiederholt aufgelegt. Wir citieren nach der ausgabe Amsterdam, 1740.

[2] Morhoffius: Polyhistoria t. I, lib. I, cap. 8, schreibt das werk dem Isaac Vossius; Reimannus, Hist. lit. Germ. vol. V, 59 in nota, sogar dem philosophen Leibnitz zu.

Aethiopier bei Yambulus zurückgehen (Diodorus Siculus II, 57). Yambulus schildert die schreibweise der Aethiopier wie folgt: „Sie schreiben aber ihre zeilen nicht, indem sie sie in die ebene ausstrecken, wie wir, sondern indem sie sie von oben nach unten herabschreiben in gerader linie.“

Als letzte quelle aus der kategorie der staatsromane führen wir die reisen Jaques Sadeur's[1] nach Australien an. Foigny schildert dort ein ersonnenes volk in der südsee, dessen lebensweise vielfach ähnlichkeiten mit derjenigen der „pferde“ Swift's aufweist. Diese Neuseeländer, welche, nebenbei gesagt, mann und frau in einer person repräsentieren, sind völlig leidenschaftslos (Sadeur, p. 60 u. 95), wie die stoischen Houyhnhnms. Wie diese leben auch sie in einer art indifferenz und sind einander in gleicher liebe zugethan, welche weder den einen noch den andern bevorzugt. Sie geniessen nur pflanzenkost und sind infolge ihrer mässigen, natürlichen lebensweise von allen krankheiten befreit, ja, es fehlen ihnen sogar die richtigen vorstellungen von solchen. Darüber äussert sich Foigny: *Et comme je m'efforçai de lui faire comprendre nos gouttes, nos migraines, nos coliques, je vis qu' il n'entendoit pas, ce que je voulois dire; il fallut donc pour me faire entendre que je lui explicasse en particulier quelques unes de douleurs*". (Sadeur p. 99 u. 100). Auch Gulliver kann dem herrpferde den begriff krankheit nur mit grösster schwierigkeit klar machen. (Gull. Part. IV, 292). Die kinder werden bei den Australiern alle gleichmässig erzogen. Kleidung ist ihnen unbekannt, staatliche einrichtungen bestehen bei ihnen und den Houyhnhnms, abgesehen von den regelmässigen versammlungen, so

[1] Sadeur ist wie Gulliver ein fingierter name. Der eigentliche verfasser des werkes ist ein französischer mönch Gabriel Foigny. Der roman, welcher auch vielfache anlehnungen an Cyrano's „Voyages comiques“ aufzuweisen hat, ist zuerst 1676 in Vannes erschienen. Der vollständige titel dieser ausgabe lautet: La Terre Australe connve: c'est a dire, la Description de ce pays inconnu jusqu'ici, de ses moeurs et de ses coûtumes. Par Mr. Sadevr, avec les avantures, qui le conduisirent en ce Continent, les particularites du sejour qu'il y fit durant trente cinq ans et plus, et de son retour. Reduites et mises en lumiere par les soins et la conduite de G. de F. Der roman befindet sich auch in der sammlung der „Voyages imaginaires“, tome XXIV. Wir citieren nach der folgenden ausgabe: Nouveau Voyage de la Terre Australe, contenant les Coûtumes et les Moeurs des Australiens, leur Religion, leur Exercises, leurs Etudes, leurs Guerres, les Animaux particuliers à ce Pays, et toutes les Raretes curieuses qui s'y trouvent. Par Jacques Sadeur. Paris (Claude Barbier), 1693.

gut wie gar nicht, und dennoch herrscht vollkommene ordnung. Diese verdanken sie nur der ausübung einer gleichmässigen freundschaft gegen jeden mitbürger und den hohen tugenden welche ihnen sozusagen angeboren sind. Sadeur trifft in diesem lande einen wohlwollenden greis, der ihn in den versammlungen des Hab *(c'est la maison d'élévation)* in schutz nimmt und ihn zu bessern versucht (Sadeur p. 61). Bei Swift spielt das herrpferd auch in gewisser hinsicht die rolle des beschützers (Gull. Part. IV, ch. III, 277 f.) und übt auf Gulliver einen veredelnden einfluss aus. Der dialog (Sadeur p. 61—80), der sich zwischen dem greis und Sadeur entspinnt, entspricht den unterredungen Gulliver's mit dem pferde. Wie dort, so befragt ihn auch bei den Australiern der greis über seine herkunft, die art und weise, wie er zu ihnen gelangt sei, über die körperliche und geistige beschaffenheit seiner landsleute, über deren lebensweise, ihre sitten und gewohnheiten. Aus dem, was er erfährt, kommt er zu ähnlichen ungünstigen urteilen wie das pferd (cf. Gull. Part. IV, 228 u. 298): "*Tout ce que je puis, juger de ceux de ton pays parce que tu m'en apprens, c'est qu'ils peuvent avoir quelques étincelles de raison, mais qu'elles sont si foibles que bien-loin de les éclairer, celles ne leur servent qu' à les conduire plus surement dans l'erreur* (Sadeur p. 77 u. 78). Die satire ist in beiden romanen übereinstimmend gegen den menschen gerichtet und zielt auf herabsetzung des menschlichen verstandes hin, auf den ja der mensch so eingebildet stolz ist, nur sind die ausfälle Swift's viel schärfer gewürzt als die Foigny's. Die Australier bedienen sich eines eigentümlichen mittels, um ohne mühe und arbeit ihren acker zu bestellen. Sie benutzen für diesen zweck eine art schweine: "*On les nomme Hums* (man brachte die ähnlichkeit dieser silbe mit der letzten silbe von Houyhnhnms), *ils ont l'instinct de fouir et renverser la terre en lignes droites avec autant et plus d'adresse, que font nos meilleurs laboureurs; ils n'ont besoin d'aucun conducteur pour commencer, continuer et finir leurs raies*" (Sadeur p. 122). Und weiterhin (ibid. p. 127): "*Entre les animaux les hums rendraient des services inestimables, puisqu'ils exempteroient les hommes de peines extraordinaires qu'il faut avoir pour labourer la terre*". Dieses wohlfeile mittel der bodenbestellung hat ohne frage Swift direkt übernommen und mit einigen geringfügigen änderungen, welche der satire halber nötig sind, in der akademie von Lagado verwertet. Dort will ein professor ebenfalls das land mit schweinen pflügen, die methode aber, die er dabei anwendet, ist unglaublich lächerlich (Gull. Part. III, ch. V, p. 212).

Die beschreibung eines sturmes in Gulliver's reise nach Brobdingnag (Gull. Part. II, 118), in welcher Sir Walter Scott eine parodie auf die in alten reisen üblichen umständlichen schilderungen von stürmen und seemanövern erblicken will, (Notes & Queries of March 7, 1868, 4th S. vol. I, p. 223), ist fast wörtlich aus Samuel Sturmy's „Magazine or Compleat“ Mariner (1669) entnommen. Wir geben im folgenden die worte des schwer zugänglichen originals: *"It is like to overblow, take in your sprit-sail, stand by to hand the fore sail! .... We make wheather, look the guns be all fast, come hand the mizen. The ship lies very broad off; it is better spooning before the sea than trying or hulling. Go reefe the fore-sail and set him; hawl aft the fore-sheet. The helme is hard a-weather .... Belay the fore doon haul .... The sail is split; go hawl down the yard and get the sail into the ship and unbind all things clear of it .... A very fierce storm. The sea breaks strange and dangerous. Stand by to hawl off above the lennerd of the whip-staff and help the man at the helme .... Shall we get down our top-masts? No, let all stand .... She scuds before the sea very well: the top-mast being aloft the ship is the holsomest and maketh better way through the sea, seeing we have sea-room .... The storm is over; set fore-sail and main-sail; bring our ship too; set the mizen, and main top-sail. Our course is E. S. E.; the wind is at south. Get the starboard tacks aboard, cast off our weather-braces and lifts; set in the lee-braces, and hawl over the mizen tacks to windward and keep her full and by as near as she would lie."*

Wenn man sich diese einem fremden muster entlehnten ausdrücke auch noch zur not gefallen lassen und sie als das eigentliche wesen Swift'scher originalität nicht berührend hinstellen kann, da sie rein technischer natur sind, so sind sie aber doch geeignet, auf Swift's wahrheitsliebe, mit welcher er sich so hochmütig rühmte, nie einen zug entlehnt zu haben, ein fahles streiflicht zu werfen.

In unsern vorhergehenden ausführungen hoffen wir bereits zur genüge den beweis erbracht zu haben, dass Swift seinen quellen gegenüber sich durchaus nicht eine völlige unabhängigkeit bewahrt hat, ja dass er sich nicht nur mit anlehnungen begnügt, sondern hier und da auch zu direkten wörtlichen entlehnungen greift. Wir sind aber der ansicht, dass der schriftsteller, dem man eine bemerkenswerte entlehnung nachgewiesen hat, es sich gefallen lassen muss, dass man ihn auch noch anderer anklagt, und somit können wir uns getrost von der meinung Hönncher's emancipieren, der von Swift's geistiger produktivität derartig eingenommen ist, dass er ihr zuschreibt, was auch einem andern angehören kann, und so die benutzung der "Voyages comiques" Cyrano's der gewissheit einen schritt näher rücken.

Allein es existiert noch eine schrift, die für unsere behauptung ausschlaggebend sein dürfte. Es ist dies "A Voyage to Cacklogallinia" 1727 with a frontispiece erschienen und zwar anonym (cf. H. G. Bohn, Bibliographers Manual unter "Cacklogallinia"). Wir haben jedoch von derselben eine deutsche übersetzung, deren titel das werk deutlich als ein Swift'sches bezeichnet. Die alten Frankfurter-Leipziger messkataloge vom jahre 1735 führen unter „Brunt" diese übersetzung unter folgendem titel auf: „Capitain Samuel Brunt's Reise nach Cacklogallinien und von da in den Mond, nebst dem Leben Harvays, des weltbekannten Zauberers in Dublin, und einigen andern moralischen und satirischen Schriften Herrn D. Swifft's, aus dem Engl. übersetzt, 8. Leipzig bei Jac. Schuster". So der katalog der ostermesse. Dieses werk muss einen guten literarischen erfolg zu verzeichnen gehabt haben, denn in dem katalog der michaelsmesse desselben jahres wird bereits eine zweite auflage desselben angekündigt, die dann auch 1736 erschien. Für den wert dieser schrift spricht ferner der umstand, dass sie noch mehrfach aufgelegt worden ist. W. Heinsius erwähnt in seinem „Allgem. Bücherlexikon, Lpz. 1812, Bd. IV, p. 37 (Anhang „Romane") unter „Brunt" zweier ausgaben, von denen die eine Liegnitz 1751, die andere Leipzig 1805 herausgegeben ist. Ausserdem führt J. S. Ersch in seinem „Handbuch der deutschen Literatur" (1822) Bd. II, Abt. 2, p. 242, no. 1868[d] unter dem stichwort „Swift" eine zu Berlin (Nicolai) 1799 erschienene ausgabe an. Nach dieser citieren wir. Dieselbe befindet sich in der kgl. bibliothek zu Berlin unter Ze 6036. Weder in einer gesamtausgabe von Swift's werken aus dem vorigen jahrhundert, noch in einem neudruck derselben haben wir diese schrift gefunden, auch nicht in den alten deutschen übersetzungen. Ist diese Voyage to Cacklogallina nun auch in der that von Swift's hand? Obgleich wir den englischen text nicht auftreiben konnten, da er in den deutschen bibliotheken und selbst im Britischen Museum nicht vorhanden ist, um so vielleicht durch vergleichung des stils und der sprache desselben mit anderen Swift'schen erzeugnissen sichere anhaltspunkte gewinnen zu können, so sind wir dennoch überzeugt, dass Swift die autorschaft zuerteilt werden muss. Hierfür sprechen mehrfache gründe.

Die reise nach Cacklogallina steht in vielen beziehungen unter dem deutlichen einflusse von „Gull. Tr.", den „Voyages comiques" Cyranos und der „Voyage of Domingo Gonzales to the world of the Moon" by Dr. Francis Godwin. Cacklogallinien ist ein vogelstaat, dessen bewohner vornehmlich hühner sind. Der verfasser schildert die staatlichen und gesellschaftlichen verhältnisse derselben, deckt schäden und missbräuche rücksichtslos und in den grellsten farben malend auf. Besonders hart mitgenommen wird die cacklogallinische hof- und ministerwirtschaft. Der egoismus in seiner krassesten form, nicht die wohlfahrt des landes sind die leitenden triebfedern für könig und minister, deren beispiel auf das volk natürlich ebenfalls corrumpierend einwirkt. Als ausflüsse dieses egoismusses herrschen geiz, habsucht, bestechlichkeit, parteilichkeit. Verdienste adeln nicht den mann, sie werden nicht nur nicht geschätzt, sondern gereichen ihren trägern geradezu zum spott und schaden. Reichtum ist hier gleichbedeutend mit macht, ehre und ansehen. Um ihn zu erlangen, bedienen sie sich der verwerflichsten mittel. Daher ist dieses land auch ein fruchtbarer boden für die projektenmacherei. Lediglich des erträumten gewinnes wegen giebt der minister einem projekte seine zustimmung, welches schätze vom monde holen will. Es bildet sich eine aktiengesellschaft, die eine expedition nach diesem gestirn ausrüstet, deren führer Brunt und der projektierer Volatilio werden. Die reise geht in sänften vor sich, die von hühnern durch die luft getragen werden. Sie gelangen glücklich auf dem monde an, lernen land und leute kennen, kehren aber unverrichteter sache wieder zurück.

Die anregung zu diesem vogelstaate dürfte der verfasser der „Histoire des oiseaux" Cyrano's verdanken. Inhaltlich geht dieselbe aber mehr auf Gull. Tr. zurück. Wir müssen hier darauf verzichten, den zusammenhang zwischen den beiden werken erschöpfend zu behandeln und werden uns nur mit einigen wenigen andeutungen begnügen, im übrigen aber verweisen wir auf die schrift selbst. Aehnlich wie Gulliver auf Brobdingnag kommt Brunt zuerst in das haus eines pächters (Brunt p. 40), dessen sohn, ein junger hahn, sich auch an ihm vergreift (Brunt p. 39) wie der sohn des riesenpächters an Gulliver. Beide sollen dafür von ihren vätern bestraft werden. Wie Gulliver wird auch er für ein naturwunder mit einigen funken verstand gehalten (Brunt p. 45 u. 47), gelangt ebenfalls an den hof und wird dort günstling (Brunt p. 59 ff.). Die landessprache macht er sich gleichfalls rasch zu eigen (Brunt p. 48). Die maids of honour, über die Gulliver so scharfen hohn ausschüttet, finden in diesem vogelstaate ein analogon in den Squabbaws, den maitressen des königs (Brunt p. 64 ff. u. p. 74). Wie Gulliver wird auch er als ein wunder zur schau gestellt (Brunt p. 76). Die gespräche, welcher ihn der minister würdigt (Brunt p. 48—59), entsprechen jenen Gulliver's mit dem riesenkönige und dem herrpferde. Hier bedient sich Brunt derselben ironischen art und weise wie Gulliver, um sitten und zustände seines eigenen landes in das günstigste licht zu stellen. Beide finden aber bei ihren zuhörern keine anerkennung, sondern erreichen gerade das gegenteil. Die schilderung der projektenmacherei in Cacklogallinien (Brunt p. 111 ff.) ist zweifelsohne aus der reise nach Balnibari und Lagado hervorgegangen. In Glubdubdrib erzählt der geist eines römischen schiffskapitäns Gulliver, wie durch sein tapferes eingreifen das schicksal der schlacht bei Actium zu gunsten Octavian's entschieden, wie er aber, statt in eine höhere stellung aufzurücken, nur mit schnödem undank belohnt worden sei, indem man ihn seines amtes entsetzt und dasselbe einem lieblingspagen des viceadmirals Publicola übertragen habe (Gull. p. 231). Eine ähnliche geschichte von belohnung des verdienstes mit undank finden wir in Brunt's reise. Dort wird einem tapferen, ausgezeichneten general auch plötzlich grundlos sein regiment genommen und einem kammerdiener ohne jegliche militärische kenntnisse übertragen (Brunt p. 78 ff.).

Nachdem wir so den einfluss von Gull. Tr. auf das in rede stehende werk kennen gelernt haben, wollen wir auch kurz die verpflichtungen streifen, die der verfasser in demselben Cyrano und Godwin schuldet. Das mittel, dessen sich die mondreisenden bedienen, um den aufstieg zu bewirken, ist dasselbe, wie das des Spaniers Gonzales. Es besteht nämlich in der benutzung der flugkraft der vögel. Auf die bekanntschaft des autors mit Godwin deutet ferner jenes kompliment hin, welches ein Selenit Brunt macht. „Ich halte sie, mein herr, für den edelsten mann, da sie den weg in unser land gefunden haben und mut zu solcher reise hatten; wenigstens hat sie keiner so gut vollendet, ob ich gleich des Dominicus Gonzales Possen gelesen habe" (Brunt p. 144). Wir können uns nicht des eindruckes erwehren, als ob es hier auf eine verspottung des Godwin'schen werkes abgesehen sei. Cyrano macht sich ebenfalls in der "Voyage dans la Lune" nicht nur über die person des Gonzales lustig (p. 132 u. 183), sondern spottet auch daselbst ein wenig über dessen vögel, mit deren hilfe letzterer nach dem monde gelangt ist. Dies würde für einen einfluss Cyrano's sprechen, und es ist nicht unwahrscheinlich, dass der verfasser auch nur die „Voy. com." allein als unmittelbares vorbild und so Godwin, der seinerseits Cyrano als quelle gedient, nur mittelbar benutzt hat. Die erlebnisse der mondreisenden während ihres aufluges, die beobachtungen und reflexionen, welche sie anstellen, gleichen im wesentlichen denen Godwin's und Cyrano's bei ihren luftfahrten; ganz besonders aber spürt man die einwirkung der sonnenreise des letzteren (Hist. com. p. 252). Brunt nennt die erde einen zweiten mond und weist nach, dass mond und erde kein eigenes licht haben, sondern ihr licht von der sonne empfangen, an deren finsternissen teilnehmen und das geborgte licht nur reflektieren können (Brunt p. 134). Cyrano ergeht sich in ähnlichen betrachtungen (Hist. com. p. 243).

Die cacklogallinischen mondreisenden verspüren ebenso wenig das bedürfnis nach essen und schlaf, wie Cyrano bei seinem aufstieg zur sonne. Die geschwindigkeit, mit welcher die expedition auf den mond herniederfährt (Brunt p. 135), gleicht der schnelligkeit des falles Cyrano's (Voy. com. p. 108 f.).

Cyrano trifft auf dem monde wahrhaft paradiesische landschaften an, in deren reizen er förmlich schwelgt und sich verjüngt. Brunt ergeht sich bei seiner ankunft auf dem monde in ähnlichen überschwenglichen schilderungen der naturschönheiten desselben, ihn ergreift ein gleicher freudentaumel, ein gleiches entzücken wie sein vorbild. Wie Cyrano (Voy. com. p. 116 f.) wird auch Brunt bei seiner ankunft von gestalten von riesigem wuchse umringt, die er fälschlich für die eigentlichen mondbewohner hält, während es nur schattenhafte wesen sind (Brunt p. 140 ff.). Die verwandlungen, die diese je nach der schnelligkeit ihrer gedanken in die verschiedensten gestalten erleiden, sind offenbar auf die metamorphosen der sonnenwesen Cyrano's zurückzuführen, die durch starkes innerliches wollen und vorstellen jede beliebige form annehmen können (Hist. com. p. 260 ff.). Die wirklichen mondbewohner entsprechen, abgesehen von dem unterschiede in den grössenverhältnissen, ihrer beschaffenheit nach denen Cyrano's. Sie sind nicht ganz geistiger und nicht ganz körperlicher natur, kennen keine krankheiten und sehen dem tode als einem freudigen ereignisse entgegen. Obwohl der analogieen noch mehrere sind, so können wir uns mit den angeführten zufrieden geben, da sie für unsern zweck, nachweisung des zusammenhanges zwischen den werken Godwin's und Cyrano's mit der reise nach Cacklogallinien, ausreichen. Die quellen, die Swift seinen „Gull. Tr." zu grunde gelegt hat, sind dieselben wie diejenigen der "Voyage to Cacklogallinia", denen sich für letztere noch die "Gull. Tr." selbst anschliessen, woraus der berechtigte schluss gezogen werden darf, dass beide denselben verfasser gehabt haben.

Vielleicht hat man es hier mit einer vorarbeit zu "Gull. Tr." zu thun. Wenn man in betracht zieht, dass sämtliche teile von „Gull. Tr." erst 1727, also in demselben jahre wie die „Voy. to. Cackl." in druck erschienen sind, diese letztere aber wie wir bereits gezeigt haben, auch der dritten reise Gulliver's verpflichtet ist, so wird die autorschaft Swift's noch wahrscheinlicher. Gegen einen fremden autor spricht auch die literarische erfahrung, die uns lehrt, dass ein schriftsteller, der sich in einem besonderen genre bethätigt hat, sich selten mit der abfassung eines einzigen werkes desselben begnügt. Ausserdem wüssten wir auch keinen englischen schriftsteller zu nennen, der zu jener zeit sich in dieser art von satirischem reiseroman versucht hat, ausser Swift. Einen bedeutungsvollen hinweis haben wir ferner noch in einer kleinen anonymen satirischen schrift gefunden: „Reise eines Europäers in den Mond nebst einer Reise-Beschreibung eines Monden-Bürgers von seiner Reise auf unsere Erdkugel." Copenhagen 1745. Dort wird p. 3 die

„Reise nach Cacklogallinien und weiter in den Mond“ als ein buch des berühmten Swift in England angeführt, „das schon“, wie der verfasser sich ausdrückt, „aus bekannten ursachen rar zu werden beginnt“. Welches konnten nun die ursachen dieser rarheit sein? Wir halten dafür, dass die „Voy. to Cackl.“ alsbald nach ihrem erscheinen verboten wurde, da sie eine äusserst heftige socialpolitische satire auf England ist und sich mit verletzender rücksichtslosigkeit nicht nur gegen das englische volk, den hof und die minister richtet, sondern auch nicht einmal die person des königs verschont. Wenn Swift schon seine „Gull. Tr.“ aus furcht vor eventuellen unannehmlichkeiten zuerst anonym herausgab, und sich erst dann als verfasser bekannte, als der glänzende erfolg, den sein opus fand, ihn vor solchen sicherte, so hatte er bei der publikation der in rede stehenden schrift, deren satire weit bitterer ist und geradezu beleidigend wird, sicherlich noch eine begründetere ursache, seinen namen zu verschweigen.

Diese lösung der autorenfrage ist noch in anderer hinsicht eine glückliche zu nennen, denn sie giebt uns einen sicheren anhalt, dass Swift auch das Godwin'sche werk gekannt haben muss, und macht die subjektive ansicht Hönncher's (Anglia X, 418), der fest überzeugt ist, dass die „Gull. Tr.“ unter dem einflusse Godwin's stehen, trotzdem es ihm nicht gelungen ist, genügende beweise hierfür beizubringen, auch objektiv glaubhaft.

Wir gehen nunmehr zu der klarlegung der beziehungen über, die zwischen den „Gull. Tr.“ und ihrer hauptquelle, den „Voy. com.“ Cyrano's, bestehen. Wir bemerken ausdrücklich, dass unsere arbeit in dieser hinsicht nur als eine ergänzung zu der Hönncher's aufzufassen ist, glauben aber zuversichtlich, dass die nachlese, welche derselbe uns übrig gelassen hat, nicht unlohnend und wohl der mühe wert sein dürfte, sie einzuheimsen. Die anführung solcher beweisstücke, wie sie bereits Hönncher bemerkt hat, werden wir thunlichst vermeiden und nur dann darauf zurückkommen, wenn besondere gründe es erheischen sollten.

Der erste, der auf das abhängigkeitsverhältniss Swift's von Cyrano aufmerksam gemacht hat, scheint Charles Palissot (de Montenoy) in seinem hauptwerke „Mémoires pour servir à l'histoire de la litterature française“ (Paris 1771) gewesen zu

sein. Dort liest man unter „Cyrano“: *“On voit qu'il (Cyrano) était parfaitement instruit des principes de Descartes; et ce qu'il y a de plus remarquable c'est qu'il a fourni à M. de Fontenelle, au Docteur Swift, ... plusieurs idées dignes d'avoir été mises en oeuvre par ces hommes celèbres.”*

Wir werden zuerst die allgemeinen berührungspunkte beider romane besprechen, um dann zu zeigen, welche einzelheiten Swift etwa aus seiner französischen vorlage übernommen und auf sich hat einwirken lassen. Der hauptzweck, den Cyrano in seinen „Voy. com.“ verfolgt, ist der beweis für die mehrheit der welten. Dieser beweis stützt sich besonders auf das philosophische princip: „Es gibt durchaus keine absolute grösse, sondern alles mass ist nur relativ“ (Voy. dans la Lune p. 103 ff.). Cyrano hat den eben erwähnten grundsatz allerdings nicht in vorstehender fassung direkt ausgesprochen, sondern führt denselben nur an einem praktischen beispiele vor, allein jeder denkende kann ihn leicht aus demselben herauslesen. Hören wir, was er sagt: *“Il me reste à prouver qu'il y a des mondes infinis dans un monde infini. Représentez-vous donc l'univers comme un animal; que les étoiles, qui sont des mondes, sont dans ce grand animal, comme d'autres grands animaux, qui servent réciproquement de mondes à d'autres peuples, tels que nous, nos chevaux, etc., et que nous, à notre tour, sommes aussi des mondes à l'égard de certains animaux encore plus petits sans comparaison que nous, comme sont certains vers, des poux, des cirons; que ceux-ci sont la terre d'autres plus imperceptibles; qu'ainsi, de même que nous paroissons chacun en particulier un grand monde à ce petit peuple, peut-être que notre chair, notre sang, nos esprits ne sont autre chose qu'une tissure de petits ani — maux qui s'entretiennent, nous prêtent mouvement par le leur, et, se laissant aveuglément conduire à notre volonté, qui leur sert de cocher, nous conduisent nous-mêmes et produisent tous ensemble cette action que nous appelons la vie. Car, dites-moi, je vous prie, est-il malaisé à croire qu'un pou prenne votre corps pour un monde, et que, quand quelqu'un d'eux voyage depuis l'une de vos oreilles jusqu'à l'autre, ses compagnons disent qu'il a voyagé aux deux bouts de la terre ou qu'il a couru de l'un à l'autre pôle? Oui, sans doute, ce petit peuple prend votre poil pour les forêts de son pays, les pores pleins de pituite pour des fontaines, les bubs pour des lacs et des étangs, etc.; et, quand vous vous peignez en devant et en arrière, ils prennent cette agitation pour le flux et le reflux de l'Océan?"* (Hist. com. p. 162 ff.) Swift hat sich dieses beispiel wohl zu nutze gemacht und in Gulliver's beiden ersten reisen verwertet, denn Lilliput und Brobdingnag sind augenscheinlich auf der idee jenes physicalischen princips aufgebaut. Die betrachtungen, welche Gulliver anstellt, als er in todesängsten schwebt, von der sichel des riesen durchschnitten zu werden, geben uns einigen aufschluss darüber: *"Undoubtedly philosophers are in the right when they tell us that nothing is great or little otherwise than by comparison. It might have pleased fortune, to have let the Lilliputians find some nation where the people were as diminutive with respect to them, as they were to me. And who knows but that even this prodigious race of mortals might be equally overmatched in some distant part of the world, whereof we have yet no discovery?"* (Gull. Part. II, 12).

Wenn wir von Lilliput abstrahieren, so beobachtet Swift hinsichtlich seines helden dasselbe verfahren wie sein französischer vorgänger. Cyrano und Gulliver spielen nur eine recht passive rolle, lassen alle eindrücke auf sich wirken, ohne irgendwie bedeutsam handelnd einzugreifen und sind eigentlich weiter nichts als einfache reiseberichterstatter, die es trefflich verstehen, land und leute anschaulich zu schildern und den gegensatz zwischen den erdichteten völkern und den ihrigen effektvoll hervortreten zu lassen.

Beachtenswert ist ferner eine vielleicht nicht ganz zufällige übereinstimmung der beiden verwandten satiriker. Obwohl man eigentlich erwarten konnte, dass Cyrano und Gulliver als einzige repräsentanten des verhassten menschengeschlechtes, gegen das sich ihre in ironie, spott und hohn getauchte satirische feder wendet, bei den fremden nationen, die sie besuchen und die vermöge ihrer höheren geistigen und moralischen entwicklungsstufe sich von dem entarteten, erbärmlichen und lasterhaften geschöpfe, das sich mensch nennt, nur mit abscheu abwenden oder wenigstens demselben nicht mit entgegenkommen und wohlwollen begegnen sollten, so finden beide dennoch in dem jeweiligen lande stets einen gönner und beschützer, der sich ihrer annimmt, wenn auch in wirklichkeit sie nichts dazu beigetragen haben, was sie etwa aus dem menschengeschlechte exceptionnel heraustreten lassen könnte.

Wir erinnern nur an den dämon auf dem monde, die elster bei den vögeln auf der sonne und an Glumdalclitsch in Brobdingnag sowie das herrpferd bei den Houyhnhnms. Dieses begünstigungsverfahren ist um so auffallender, als es nicht mit dem masse der aufgewandten scharfen menschensatire in einklang steht.

In dem aufbau der menschensatire beobachten Cyrano und Swift im allgemeinen eine ähnliche steigerung. In den reisen nach dem monde und nach Brobdingnag ist die satire nicht so heftig und verletzend wie in den reisen nach der sonne (Hist. des oiseaux) und zu den pferden. Laputa kommt hier nicht in betracht, da sich dort die satire mehr gegen eine bestimmte klasse von menschen richtet. Diese steigerung findet allein schon ihren ausdruck in der wahl derjenigen wesen, die des menschen spotten. Im monde und in Brobdingnag sind es menschen oder doch immerhin menschenähnliche geschöpfe, auf der sonne aber und im lande der Houyhnhnms sind es tiere, welche den menschen auf eine sehr niedrige entwicklungs- und verstandesstufe herabzudrücken versuchen. Dieser äusserlichkeit entspricht die satire selbst, sie nimmt an schärfe und bitterkeit zu. Bei den mondbewohnern und den riesen duldet man Cyrano resp. Gulliver schliesslich noch als menschliche wesen, welche die natur nur etwas vernachlässigt habe, die vögel aber und die pferde sind weit unversöhnlicher und verbannen sie aus ihren ländern. Eine zweite, auffallendere übereinstimmung illustriert den einfluss der „Voy. com.“ auf „Gull. Tr.“ noch näher. Die satire bei den vögeln weist in einzelnen zügen nur eine wiederholung dessen auf, was bereits die mondbewohner gegen die menschen angeführt haben. So z. b. die schilderung aller derjenigen körperlichen nachteile, welche der mensch den tieren gegenüber hat (Voy. dans la Lune p. 143 und Sonnenreise p. 277, 281 u. 287). In dieselbe art der wiederholung verfällt Swift. Diese übertragung von etwas schon gesagtem tritt in den gesprächen des riesenkönigs und des herrpferdes mit Gulliver zu tage. Wir machen nur auf die schilderung des krieges und der kriegswerkzeuge in der zweiten und vierten reise aufmerksam (Gull. Part II, ch. VII, 167 u. Part IV, ch. V, 287).

Für Lilliput müssen wir es verneinen, dass Swift die entstehung desselben Cyrano schulde. Obwohl wir an einer früheren stelle (s. w. o.) behauptet haben, dass Lilliput und Brobdingnag auf dem princip der verneinung aller absoluten grösse aufgebaut sind, einem princip, welches sich in den werken Cyrano's ausgeführt findet, und jetzt eben eine hernahme der idee zu Lilliput von Cyrano leugnen, so werden wir doch gleich zeigen, dass dies nur ein scheinbarer widerspruch ist und dass in wirklichkeit beide ansichten sehr wohl mit einander verbunden werden können. Wir sind nämlich überzeugt, dass Swift Lilliput bereits componiert hatte, ehe er die satirischen reisen Cyrano's gelesen, dass er also noch gar nicht daran denken konnte, jenes physikalische princip zu verwerten. Der gedanke dazu ist ihm erst durch die lektüre Cyrano's gekommen, und diese hat ihn angetrieben, in Brobdingnag den gegensatz zu Lilliput darzustellen. Mit ausnahme jener bereits oben erwähnten stelle, wo Swift die kinder zur undankbarkeit gegen ihre eltern aufmuntert, wüssten wir keine genügende belege für eine eventuelle beeinflussung Swift's in Lilliput durch Cyrano anzuführen. Das pädagogische kapitel über die erziehung der kinder (Gull. Part. I, ch. VI, 86), in welchem die oben angeführte übereinstimmung vorkommt, ist nach unserer überzeugung erst ein späterer einschub Swifts. Zu unserer freude können wir konstatieren, dass unsere selbständig gewonnene überzeugung nichts befremdendes hat, da schon Rich. M. Meyer in seiner abhandlung: „J. Swift und J. Ch. Lichtenberg, zwei Satiriker des 18. Jahrhunderts", Berlin 1886, p. 22, auf das unorganische einschieben dieses kapitels hingewiesen und dies technisch einen fehler genannt hat. Gegen ein abhängigkeitsverhältniss Lilliput's von Cyrano sprechen auch einige bemerkenswerte gründe, wenn man vielleicht einige übereinstimmungen als bestehend annehmen wollte, wie es Hönncher thut (Anglia X, 412 ff.). Einmal trägt die satire in Lilliput einen speciellen charakter und ist vornehmlich eine socialpolitische. Von dem allgemeinen charakter bittrer menschensatire, die erst mit Brobdingnag anhebt und welche auch einen grundzug des französischen romans bildet, ist hier noch so gut wie gar nichts zu spüren. Dann aber auch spielt Gulliver bei den zwergen eine bedeutsame rolle. Er hat das wohl und wehe der Lilliputaner ganz in seiner hand, er ist durchaus noch nicht jener einfache reiseberichterstatter, zu welchem er in den folgenden teilen immer mehr herabsinkt, und als welchen man Cyrano auch nur gelten lassen kann. Endlich möchten wir noch in die wagschale werfen, dass in Lilliput Gulliver nur ausschliesslich mit dem fürsten und seinen hofleuten in berührung kommt, während er in Brobdingnag auch schon mit personen aus dem volke in verbindung tritt. Der verkehr Cyrano's auf dem monde beschränkt sich ebenfalls nicht allein auf den könig und hof, er kommt auch noch mit andern leuten zusammen.

Welchen anregungen Swift die abfassung Lilliput's verdankt, dafür dürften sich einige anhaltspunkte aus einem in den ausgaben seiner werke angeführten traktate ergeben. Die englische ausgabe von 1758 (Dublin) erwähnt denselben in den memoiren des Martinus Scriblerus unter dem titel: „An Essay of the learned M. Scriblerus,[1] concerning the origine of sciences", by Mr. Pope and Dr. Parnel. Dieser verspottet u. a. in ernsthaftem tone den eingewurzelten glauben an die fabeln von den Pygmaeen, von denen dichter und geschichtsschreiber ohne einschränkung als von wirklich existierenden wesen sprechen. Aristoteles scheint besonders von dem vorhandensein der Pygmaeen überzeugt gewesen zu sein. „Was man von den Pygmaeen erzählt", sagt er, „ist durchaus nicht eine fabel, es ist eine wahrheit" (Le Roux de Lincy: le livre des légendes, Paris 1836, p. 156, anm. II). Der traktat befindet sich in vol. 5 pag. 117—123 der oben genannten ausgabe. Es heisst dort pag. 117: *„Nor Troy nor Thebes were the first of empires; we have mention though not histories, of an earlier warlike people called the Pygmaeans. I cannot but persuade myself from those accounts in Homer, Aristotle, and others of their history, wars and revolutions, and from the very air in which those authors speak of them as of things known, that they were then a part of the study of the learned.*

Der glaube an das bestehen solcher zwergvölker hat sich von den ältesten zeiten her durch die kirchenväter hindurch bis in Swift's zeit hinüber gerettet. Auf diesem fussend, lässt Swift seinen Gulliver das seit der griechenzeit her vergeblich gesuchte land der Pygmaeen plötzlich entdecken. Allein die ganze art und weise der beschreibung dieser lilliputanischen nation muss in uns das gefühl erwecken, dass Swift neben andern zwecken auch jener vor augen geschwebt

[1] Gulliver's reisen sollten einen teil des von dem 1714 gestifteten Scriblerus klub geplanten werkes bilden (cf. Quarterly Review, vol. 156, p. 46).

habe, diesen glauben an zwerge lächerlich zu machen. Dass Swift sich nicht ganz von der griechischen fabel der Pygmaeen hat frei machen können, geht aus dem ersten kapitel Lilliput's hervor, in welchem er ein bild des schlafenden Gulliver beschreibt, wie derselbe von schwärmen der Lilliputaner belagert wird, dessen ähnlichkeit mit dem von Philostrat (Herodot II, 32) entworfenen des schlafenden Hercules wenig zu wünschen übrig lässt. Andere anhaltepunkte für eventuelle quellen Lilliput's haben wir nicht entdecken können. Wenn es uns aber gestattet ist, eine vermutung auszusprechen, so möchten wir auf das werk eines professors zu Cambridge (1654—1712) als mögliche quelle hinweisen. Dessen titel lautet: „Geramia: A New Discovery of a little Sort of People, anciently discovered of called Pygmies. By Joshua Barnes, B. D. London 1675.“ cf. William Thomas Lownders: „The Bibliographers Manual of English Litterary“, p. 116). Für diese vermutung haben wir jedoch sonst keine anhaltepunkte, da das werk uns leider nicht zugänglich gewesen ist.

Die einwirkung der lektüre der „Voy. com.“ auf die reise nach Brobdingnag macht sich nicht nur in der allgemeinen menschensatire, sondern auch in der fabel selbst geltend und lässt sich deutlich bis in die kleinsten details verfolgen. Vor allem hat hier die mondreise als vorlage gedient.

Die bewohner Brobdingnag's sind wie die des mondes riesen. Ihre umgebung steht zu ihrer riesigen grösse in entsprechendem verhältnisse. Dieser punkt ist allerdings bei Cyrano nur ganz leicht angedeutet, während Swift ihm die ganze fabel hindurch seine aufmerksamkeit zuwendet, niemals die richtigen dimensionen aus dem auge verliert und verschiebt, wodurch er bewirkt, dass das interesse mehr an der fabel selbst als an der satire haftet.

Cyrano und Gulliver erregen wegen ihrer kleinheit ausserordentliches aufsehen: *"Lorsque ce peuple me vit si petit; car la plupart d'entre eux ont douze coudés de longeur, ... ils ne purent croire que je fusse un homme"*, schreibt Cyrano (Voy. com. p. 117). Beide werden als monstreuse wesen angesehen. Die gelehrten des landes ergehen sich in analogen speculationen über ihre species und kommen schliesslich zu demselben resultat. Bei Swift (Gull. p. 137) lassen sie ihn nur als Replum Scalcath gelten, das so viel wie lusus naturae bedeutet. Bei

Cyrano schliessen die mondweisen „... *mais, dédaignant de se mêler de la construction de ces deux brûtes (Gonzales und Cyrano), Dieu les abandonna au caprice de la nature"* (Voy. com. p. 143).

Anknüpfend an die vielfachen angriffe Cyrano's auf Aristoteles und die scholastische schule, kann es Swift sich auch nicht versagen, demselben einen satirischen hieb zu versetzen. Als die examinatoren auf befehl des königs Cyrano's vernunft prüfen und ihn zu diesem zwecke einem examen in der philosophie unterwerfen, beruft er sich auf Aristoteles, wird aber sofort von denselben mit den worten abgewiesen: *"Cet Aristote, dont vous vantez si fort la science, accomodoit sans doute les principes* (principien oder die ersten ursachen sind nach Lange, Geschichte des Materialismus, Iserlohn 1866, p. 88 eine reihe von begriffen, die Aristoteles als grundlage für seine anschauungsweise dienen) *à sa Philosophie, au lieu d'accomoder sa Philosophie aux principes, et encore devoit-il les prouver au moins plus raisonnables que ceux des autres Sectes dont vous nous avez parlé"* (Vog. com. p. 145). Als die gelehrten Gulliver, den sie auf verlangen des königs untersuchen, für ein naturspiel erklären, macht derselbe folgende boshafte bemerkung, deren spitze gegen die aristotelische philosophie gerichtet ist: *"A determination exactly agreeable to the modern philosophy of Europe, whose professors, disdaining the old evasion of occult causes, whereby the followers of Aristotle endeavoured in vain to disguise their ignorance, have invented this wonderful solution of all difficulties, to the unspeakable advancement of human knowledge"* (Gull. Part. II, 137).

Als Gulliver wie eine art ungeheuer behandelt wird, empfindet er dies als eine demütigung. Aehnlichen empfindungen über eine unwürdige behandlung verleiht Cyrano in den worten ausdruck: *"Mais le ciel fléchi de mes douleurs et fâché de voir profaner le Temple de son maître ..."* (Voy. com. p. 118).

In beiden werken wird die grosse schnelligkeit betont, mit welcher unsere gefangenen von einem ort zum andern gebracht werden.

Als Cyrano laut dekret für einen papagei ohne federn erklärt wird, erhält er einen käfig angewiesen. Gulliver wird auf seiner reise auch in eine art käfig, einen kasten, gesteckt (Voy. com. p. 144 u. Gull. p. 133).

Gulliver wird von seinem besitzer, dem riesenpächter, öffentlich für geld gezeigt und muss allerlei belustigende kunststücke machen. Ein gleiches bei Cyrano. Der Bateleur, dem er übergeben, unterrichtet ihn, *à faire le godenot, à passer des culbutes, à figurer des grimaces, et les après-dinées, il faisoit prendre à la porte un certain prix de ceux qui me vouloient voire"* (Voy. com. p. 118).

Die wunderbaren berichte über sie locken ein zahlreiches publikum herbei, das vor neugierde brennt, sie zu sehen. Wie bei uns etwa die kinder einen affen necken, indem sie nach ihm werfen, so werden beide von den zuschauern beworfen.

Bei Cyrano heisst es (Voy. com. 142): *"Quelques-uns nous jettoient des pierres; d'autres, des noix"*. Bei Swift ist das wurfgeschoss, dessen sich ein schulknabe bedient, ebenfalls eine nuss.

Der riesenpächter ist nur auf seinen vorteil bedacht und gönnt Gulliver keine zeit zur erholung. Aehnlich der tierwärter auf dem monde: *"... Quand mon Bateleur s'aperçut que la chambre commençoit à s'ennuyer de mon jargon .... il se remit de plus belle à tirer ma corde pour me faire sauter"* (Voy. com. 124). Gulliver wird beim verlassen seines reisekäfigs auch an einer leine befestigt (Gull. p. 133).

Glumdalclitsch, welche Gulliver unterweist, bemüht sich, die härten seiner reise und behandlung zu mildern (Gull. p. 133). Sie hat hier etwa dieselbe rolle wie der dämon oder die eine prinzessin auf dem monde. Der dämon belehrt Cyrano ebenfalls und erleichtert ihm seine gefangenschaft: *"Presque tous les jours le Démon me venoit visiter et ses merveilleux entretiens me faisoient passer sans ennui les violances de ma captivité"* (Voy. com. 125).

Gulliver und Cyrano werden beide an den hof befohlen und sind zur belustigung der königin bestimmt. In Brobdingnag hat die königin bereits ein geschöpf von ähnlicher kleinheit, einen zwerg, als hofnarr, dessen grösse allerdings die Gullivers bei weitem übertrifft. Auf dem monde hält sich die fürstin zu ihrer zerstreuung ebenfalls noch ein kleines wesen derselben art wie Cyrano, den Spanier Gonzales (Voy. com. p. 132). Cyrano und Gulliver verdrängen ihre rivalen aus der gunst der königinnen und geniessen diesen gegenüber den vorzug. Zwischen ihnen und den zurückgesetzten besteht eine

gewisse gegnerschaft, die sich bei Cyrano hauptsächlich auf das geistige gebiet, auf die philosophischen ansichten beider erstreckt, während sie aber bei Gulliver in offene feindseligkeit ausartet. Gulliver wird der liebling der hofdamen, die sich mitsamt dem ganzen hofe an ihm belustigen: *"It was every day furnishing the court with some ridiculous story"* (Gull. p. 157). Auf dem monde ist Cyrano auch der liebling des hofes und der prinzessinnen und nimmt dort die gleiche stelle eines spassmachers ein: *"Déjà les compagnies ne s'entretenoient plus que de la gentillesse de mes bons mots"* (Voy. com. 145).

Die innige freundschaft von Glumdalclitsch gleicht der zuneigung der jüngsten prinzessin, die Cyrano sogar in seine welt folgen will (Voy. com. p. 177).

Vielleicht hat auch die schilderung der speisezubereitung auf dem monde (Voy. com. 128) Swift veranlasst, der kücheneinrichtung auf Brobdingnag (Gull. p. 148) zu gedenken, und vielleicht ist auch die hinrichtung des verbrechers auf Brobdingnag (Gull. p. 152) durch die auf dem monde (Voy. com. p. 179) veranlasst worden, wenngleich die art der vollziehung derselben in beiden werken eine ganz verschiedene ist.

Gulliver hebt besonders hervor, dass die riesen weit in der pflege der mechanischen künste vorgeschritten sind. Die beschreibung aber der beweglichen und der feststehenden häuser auf dem monde, von denen letztere in den boden geschraubt werden können (Voy. com. 167 f.), sowie die des sprechenden buches (Voy. com. p. 178) deutet darauf hin, dass die mondbewohner ebenfalls auf einer hohen stufe der mechanik gestanden haben müssen.

Wir glauben auch, dass die schilderung der kriegsführung auf dem monde durch die prinzessin immerhin Swift zu einigen bemerkungen jenes berichts angeregt haben kann, welchen Gulliver dem riesenkönige oder dem herrpferde über die ursachen der kriege und die art der kriegswerkzeuge in seinem lande giebt, wenngleich hierfür sich auch vorlagen in einzelnen staatsromanen, ganz besonders aber bei La Bruyere: „Caractères", ch. XII (Des Jugements), Ed. Paris 1768, p. 107 ff. finden lassen. Hierfür sprechen einige worte, die Swift und Cyrano darüber äussern. Ersterer lässt Gulliver folgendes sagen, als der könig ihm bei todesstrafe verboten hatte, nie mehr zu ihm von jenen furchtbaren kriegswerkzeugen zu sprechen: *"A strange*

effect of narrow principles and views! that a prince possessed of every quality which procures veneration, love, and esteem; of strong parts, great wisdom, and profound learning; endowed with admirable talents, and almost adored by his subjects, should from a nice unnecessary scruple, whereof in Europe we can have no conception, let slip an opportunity put into his hands that would have made him absolute master of the lives, the liberties, and the fortunes of his people" (Gull. Tr. 168).

Cyrano äussert der prinzessin gegenüber denselben gedanken: *"J'alléguois, pour exemple, d'une bien plus forte politique, les coutumes de notre Europe, où le Monarque n'avoit garde d'omettre aucun de ses avantages pour vaincre"* (Voy. com. 147).

Der könig hält Cyrano für das weibchen des kleinen Spaniers, dessen bekanntschaft ersterer am hofe gemacht hatte, und welcher dort für einen affen angesehen wurde. Er befiehlt daher, die beiden zusammen zu sperren: *"Le roi commanda au gardeur de singes de nous ramener, avec ordre exprès de nous faire coucher ensemble l'Espagnol et moi pour faire en son royaume multiplier notre espèce"* (Voy. com. 132).

Denselben paarungsversuch möchte der könig von Brobdingnag anstellen, nur steht ihm kein geschöpf derselben art wie Gulliver hierfür zu gebote: *"He was strongly bent to get me a woman of my own size, by whom I might propagate the breed"* (Gull. Part II, 172).

Aus der übereinstimmung dieser stellen geht klar und deutlich der plagiarismus Swift's hervor. Denn obgleich es an einem wesen derselben art wie Gulliver vollkommen fehlt, so kann Swift sich trotzdem nicht enthalten, diesen gedanken Cyrano's hier anzubringen.

Dem beispiele Cyrano's folgend, dem es auf dem monde nicht behagen will (Voy. com. p. 187), sehnt sich Gulliver ebenfalls von Brobdingnag weg. Beide verlassen ihren aufenthaltsort auf dem luftwege. Der kapitän, der Cyrano nach Frankreich, und derjenige, der den aufgefischten Gulliver nach England bringt, wollen beide keine bezahlung für die überfahrt annehmen.

Beide schriftsteller weisen gemeinsam darauf hin, dass sie nur auf fremdes drängen ihre reisen veröffentlicht haben. Bei Swift ist es der schiffskapitän, der ihm dazu rät: *"The captain was very well satisfied with this plain relation I had given him, and said, "he hoped, when we returned to England, I would oblige the world by putting it on paper. and making it public"* (Gull. Part II, 180).

Cyrano muntert sein freund, der Marquis von Colignac, zu der publikation auf, wie wir aus der sonnenreise entnehmen können: "*M. de Colignac, ravi d'entendre des choses si extraordinaires, me conjura de les rédiger par écrit*" (Voy. com. 207).

Man beachte wohl das versteckte, aber trotzdem ziemlich offenkundige selbstlob, das in diesen stellen zu tage tritt.

Auch in dem dritten teile von Gulliver's reisen, dem schwächsten von allen, lässt sich eine gewisse abhängigkeit von Cyrano's "Voyages comiques" nicht verkennen.

Laputa, jene wunderinsel, deren flug, heben und senken mit hilfe der ausserordentlichen kraft eines magneten sich vollzieht, dürfte wohl ihr entstehen auf jene maschine zurückführen, mit welcher das erfinderische genie des kühnen französischen luftschiffers den schönen jüngling, welchen er bei seiner ankunft auf dem monde getroffen hat, seinen weg zu diesem gestirne zurücklegen lässt: "*Je pris de l'aimant environ deux pieds en carré, que je mis dans un fourneau; puis, lorsqu'il fut bien purgé, précipité et dissous, j'en tirai l'attractif calciné, et le réduisis à la grosseur d'environ une balle médiocre. En suite de ces préparations, je fis construire une machine de fer fort légère, dans laquelle j'entrai .... et, lorsque je fus bien ferme et bien appuyé sur le siége, je jettai fort haut en l'air cette boule d'aimant: Or la machine de fer, que j'avois forgée tout exprès plus massive au milieu qu'aux extrémités, fut enlevée aussitôt, et dans un parfait équilibre, à cause qu'elle se poussoit plus vit par cet endroit. Ainsi donc, à mesure que j'arrivois où l'aimant m'avoit attiré, je rejettois aussitôt ma boule en l'air au dessus de moi*" (Voy. com. 114—115). Diese eingehende schilderung Cyrano's der magnetischen kraft spiegelt sich ab in der ausführlichen detaillierung der beschaffenheit und wirkung des magneten, der Laputa regiert. Eine einwirkung des durch magnetische kraft bewegten luftfahrzeuges auf die technische erklärung des problems der fliegenden insel ist kaum zu bezweifeln. Swift hat es nur verstanden, demselben eine grössere wahrscheinlichkeit zu verleihen und es mit einer geradezu ansteckenden glaubwürdigkeit auseinander zu setzen. Gleicht

Cyrano hier mehr einem Münchhausen, der, als er sich vom monde an einem stricke herablässt, immer das obere ende desselben abschneidet und unten wieder anknüpft, so ähnelt Swift hier eher einem Jules Verne, der seine extravaganten ideen mit hilfe des ganzen wissenschaftlichen apparates der möglichkeit der verwirklichung nahe zu bringen sucht.

Inhaltlich scheint Laputa neben der verspottung der wissenschaften im allgemeinen auch einen kräftigen protest gegen Cyrano's übergrosse wertschätzung der philosophie, welcher, dem beispiele Plato's folgend, die philosophen für die regierung eines landes am geeignetsten hält und alle staatsgeschäfte in die bevorzugte klasse der mondbewohner, der philosophen, legt, zu enthalten. Ausser den vielfachen beweisen in der mondreise, die hierfür sprechen, wollen wir die aufmerksamkeit nur auf die vornehmste stellung des philosophenreiches unter allen staatswesen der sonne lenken. Der senat im reiche der liebenden befiehlt z. b. in der klagesache einer frau gegen ihren mann wegen vernachlässigung beiden, die entscheidung den philosophen zu überlassen, zu welchem zweck jene sogar eine weite reise unternehmen müssen (Voy. com. 338—339). Dass Swift gerade mathematiker gewählt hat, um seine abweichende ansicht in dieser frage zu kennzeichnen, ist für uns an dieser stelle gleichgiltig. Wir fassen sie lediglich als repräsentanten des gelehrtenstandes auf. Er ist der meinung, dass den gelehrten überhaupt der richtige blick für das praktische leben abgeht. Ganz eingenommen von ihren spekulationen, deren resultate sie zwar richtig gewinnen, aber nicht anwenden können — so dienen z. b. ihre kenntnisse und erfahrungen von den himmelskörpern einzig und allein dazu, ihnen eine kleinliche furcht einzuflössen (Gull. II, 198) — haben die Laputarier nur wenig sinn für die vorgänge um sich. Selbst ihren weibern schenken sie nicht einmal die notwendige aufmerksamkeit, was zur folge hat, dass diese sich fremden in die arme werfen und selbst in ihrer gegenwart sich unbesorgt vertraulichkeiten hingeben können. Vielleicht dürften wir in dieser vernachlässigung wiederum ein wenig den einfluss Cyrano's erblicken, vielleicht ist dieselbe durch die vernachlässigung der frau seitens ihres mannes im reiche der liebenden inspiriert. (Voy. com. 338).

Wenn Swift die mathematiker Laputa's als tiefe grübler, als träumer darstellt, so entbehrt es nicht der wahrscheinlichkeit, dass er hier auf die sonnenreise seines vorgängers zurückgegangen ist. Bei der beschreibung des "Lac du Sommeil" erfahren wir nämlich folgendes: "*Pour moi, je pense que ce lac évapore un air qui a la propriété d'épurer entièrement l'esprit de l'embarras des sens; car il ne se présente rien à votre pensée qui ne semble vous perfectionner et vous instruire: c'est ce qui fait que j'ai le plus grand respect du monde pour ces Philosophes, qu'on nomme rêveurs, dont nos ignorans se moquent*" (Voy. com. 329).

Für den von uns oben angenommenen protest Swift's gegen eine regierung der philosophen, d. h. der gelehrten überhaupt, spricht folgende stelle: "*But what I chiefly admired, and thought altogether unaccountable, was the strong disposition I observed in them towards news and politics, perpetually inquiring into public affairs, giving their judgments in matters of state, and passionately disputing every inch of a party opinion. I have indeed observed the same disposition among most of the mathematicians I have known in Europe, although I could never discover the least analogy between the two sciences; unless those people suppose, that because the smallest circle has as many degrees as the largest, therefore the regulation and management of the world require no more abilities than the handling and turning of a globe: but I rather take this quality to spring from a very common iufirmity of human nature, inclining us to be most curious and conceited in matters where we have least concern, and for which we are least adapted by study or nature*" (Gull. II, 197—198).

Die ankunft der fliegenden insel wird von Swift in ähnlicher weise beschrieben, wie diejenige des von dem grossen riesenvogel getragenen käfigs, in welchem die beiden liebenden ihre reise zu der philosophenprovinz bewerkstelligt haben (Voy. com. 337 u. Gull. I, 178—179).

Als Cyrano, von wissensdurst getrieben, den von der sonne stammenden dämon über die art seiner entstehung und seines todes befragt, weist dieser darauf hin, dass er mit seinen groben menschlichen sinnen dies doch nicht begreifen würde. "*Vos autres*", belehrt er ihn, "*ne sauriez donner jusqu'à ces hautes conceptions que par la foi, à cause que les proportions à ces miracles vous manquent, non plus qu'un aveugle ne sauroit s'imaginer ce que c'est que la beauté d'un paysage, le coloris d'un tableau, et les nuances de l'iris; ou bien ils se les figurera tantôt comme quelque chose de palpable, comme le manger, comme un son, ou comme une odeur"* (Voy. com. 124).

Aus diesem vergleich des menschen mit einem blinden weiss Swift wieder geschickt seinen nutzen herauszuschlagen. In der akademie von Lagado unterrichtet ein blinder künstler seine ebenfalls blinden lehrlinge im mischen der farben. "*There was a man born blind, who had several apprentices in his own condition: their employement was to mix colours for painters, which their master taught them to distinguish by feeling and smelling. It was indeed my misfortune to find them at that time not very perfect in their lessons, and the professor himself happened to be generally mistaken. This artist is much encouraged and esteemed by the whole fraternity*" heisst es Gull. V, 211—212. Offenbar eine ziemlich starke anlehnung.

Wir glauben nicht fehl zu greifen, wenn wir die anregung zu dem projekt des einen gelehrten, "*to calcine ice into gunpowder*" (Gull. V, 211) auf eine bemerkung des kleinen Spaniers auf dem monde zurückführen: "*Je vois fort bien*", heisst es Voy. com. p. 137, "*que vous me demanderez pourquoi donc l'eau restreinte par la gelée dans une vase, le fait crever....?*

Ebenso scheint Swift diese stelle aus den Voy. com. für seine satirischen zwecke verwertet zu haben: "*Cette eau stigiade, de laquelle on empoisonna le grand Alexandre, et dont la froideur pétrifia ses entrailles ....*" (Voy. com. 318). In „Glubdubdrib" lässt er nämlich den geist Alexanders die ursache seines todes dahin berichtigen: "*that he was not poisened, but died of a bad fever, by excessive drinking*" (Gull. VII, 225).

Bevor wir uns den abhängigkeitsbeweisen der „Voyage to the Houyhnhnms" von Cyrano's „Voyages comiques" zuwenden, wollen wir der vollständigkeit wegen noch einige andere quellen für erstere vermerken. Als solche werden in einer abhandlung der „Quarterly Review" 1883, vol. 156, p. 42 ff. zu dem vierten teile von Gulliver's Reisen „The Arabian Nights" und Godwin's „Voyage of Domingo Gonzales" bezeichnet. "*We think it very likely*", heisst es dort weiter, "*that the Houyhnhnms were suggested by the forty-fifth chapter of Solinus and that several strokes for the Yahoos were borrowed from the Travels of Sir Thomas Herbert.*" Obwohl wir nach den angaben von Notes & Queries, 1852, vol. V, p. 271 mit sicherheit constatieren können, dass Swift mit Herbert's Travels vertraut gewesen ist, so bieten sich für eine etwaige anknüpfung desselben an die eben genannten werke mit ausnahme an das Godwin's, dessen einfluss auf Gull. Trav. bereits genügend von Hönncher (Anglia X, 452—456) hervorgehoben ist, nur so unbestimmte und wenig wahrscheinliche vermutungen, dass wir ein näheres eingehen auf diese quellen als belanglos haben fallen lassen.

Man hat wohl die frage aufgeworfen, warum Swift als gegenbild zu den scheusslichen Yahoos gerade pferde gewählt habe. Die antwort lautet gewöhnlich, dass der grund hierfür in Swift's persönlicher vorliebe für dies edelste der haustiere zu suchen sei. Auch Hönncher adoptiert diese erklärung als ziemlich wahrscheinlich und lässt sich so eine günstige gelegenheit entschlüpfen, dieselben auf eine offenbare einwirkung der Voy. com. zurückzuführen. Wir haben hierbei jene stelle im auge, wo der nackte zwerg auf einer jener kleinen welten, welche um die sonne circulieren, Cyrano aufschluss über die geheimnisse der zeugung giebt und u. a. behauptet, dass der mensch deshalb längere zeit als die andern übrigen geschöpfe im mutterleibe zubringen müsse, weil er als das vollkommenste wesen der schöpfung dreier „coctions" bedürfe, um die drei entsprechenden fähigkeiten: „la puissance de croitre, la puissance vitale et la puissance de raisonner" zu erlangen. Cyrano hält ihm aber entgegen, dass der eben entwickelten theorie gemäss eigentlich das pferd als das vollkommenste geschöpf gelten müsse, da es ja in wirklichkeit längere zeit im mutterleibe zur reife gebrauche als der mensch (Voy. com. p. 249). Hier liegt der ursprung von Swift's pferdegestalten mit ihren an weisheit und moral den menschen weit überlegenen naturen. Die erklärung des wortes Houyhnnm, das seiner ethymologie nach

[1] Wir wollen bei dieser gelegenheit nicht verfehlen, darauf aufmerksam zu machen, dass das Godwinsche werk uns auch in einer deutschen übersetzung zugänglich gemacht ist. Der übersetzer ist der verfasser des Simplicissimus, Hans Jacob Christoffel von Grimmelshausen. Der titel lautet: „Der fliegende wunder-mann nach dem mond oder eine gar kurzweilige und seltzame beschreibung der neuen welt des mondes, wie solche von einem geborenen Spanier, mit namen Dominico Gonzales, beschrieben: und der nach-welt bekannt gemacht worden ist. Aus dem Französischen ins Teutsche übersetzt. Wolfenbüttel, 1659, 12°. Hönncher scheint diese übersetzung nicht gekannt zu haben, da er sie nirgends erwähnt.

so viel wie „vollkommenheit der Natur" (Gull. ch. III, 275) bedeutet, ist nur geeignet, unsere annahme als begründet erscheinen zu lassen.

Zwischen der erfahrung, welche Cyrano sowie Gulliver bei ihrer ersten ankunft machen, lassen sich gewisse ähnlichkeiten nicht wegleugnen.

Als beide reisende ihren weg in das innere des landes fortsetzen wollen, treffen sie auf seltsame geschöpfe, die auf allen vieren gehen und trotzdem zu ihrem grössten erstaunen ein vollkommen menschliches aussehen haben. Cyrano macht diese beobachtung sogleich: *"Quand je les pus discerner de près, je connus qu'ils avaient la taille et la figure comme nous"* (Voy. com. 116), Gulliver freilich erst später: *"My horror and astonishment are not to be described, when I observed in this abominable animal a perfect human figure"* (Gull. ch. II, 270).

Unmittelbar hieran knüpfen nun beide satiriker vergleiche zwischen diesen tiermenschen und den gewöhnlichen menschen und suchen die seltsamen körperbildungen derselben als durchaus nicht so sehr auffallend hinzustellen, indem sie darauf hinweisen, dass man auch bei den letzteren ähnliche erscheinungen beobachten könne. Obwohl bei beiden das kriechen der kinder eine gewisse rolle spielt, so müssen wir doch eingestehen, dass Swift hier nur den gedanken adoptiert, im übrigen aber ziemlich selbständig verarbeitet hat (cf. Voy. com. 117 und Gull. Tr. ch. II, 270).

Uebereinstimmend stossen ferner beide abenteurer zunächst nur auf einzelne exemplare dieser monströsen geschöpfe, die aber alsbald eine grössere anzahl ihrer gattung herbeilocken und nun unsere helden mit wütendem geschrei begrüssen (cf. Voy. com. 116—117 und Gull. Tr. ch. I, 265). Cyrano hält auf dem monde alles für zauberei: *"Certes, ma surprise fut si grande que dès lors je m'imaginai que tout le globe de la Lune, tout ce qui m'y étoit arrivé et ce que j'y voyais n'étoit qu'enchantement"* (Voy. com. 126).

Gulliver denkt dasselbe, als er die pferde sprechen hört und ihre wohnungen in augenschein nimmt: *"I then absolutely concluded, that all these appearances could be nothing else but necromancy and magic"* (Gull. Tr. ch. II, 269).

Cyrano wird von dem sohne eines gasthofbesitzers, bei welchem der dämon mit ihm auf der reise an den hof des königs eingekehrt ist, für einen „magot", eine besondere affenart, gehalten und es werden ihm von denselben durch vermittlung seines führers ein dutzend lerchen angeboten, *"parce que les magots se nourrissoient de cette viande."* Aehnlich ergeht es Gulliver. Auch er wird für etwas anderes gehalten und der klasse der Yahoos zugerechnet, die ihm selbst einmal als affen erscheinen, und man reicht ihm als nahrung ein Stück eselsfleisch, die lieblingsspeise derselben (Gull. II, 271).

Auf dem monde existiert weibergemeinschaft. Diese konnte der Dean Swift natürlich nicht gut heissen, und sie etwa seinen edlen, weisen rossen zumuten, in denen der leser doch nur idealisierte menschen erblicken muss, zumal sie ja auf strohmatten sitzen, die sie doch unmöglich selbst verfertigt haben konnten. Allein er kann es sich nicht versagen, dieselbe auch noch ausdrücklich bei den Yahoos, bei welchen sie sich ja von selbst versteht, hervorzuheben, um nur zu einem kräftigen hiebe auf das menschentum zu gelangen und eine bemerkung an den mann zu bringen, welche einer stelle aus der sonnenreise Cyrano's ihren ursprung verdankt. Im reiche der liebenden existiert nämlich ein gesetz (Voy. com. 340), nach welchem *"il n'est pas permis au marié d'en embrasser aucune (de ses femmes), tandis qu'elle est grosse"*, und als Gulliver's herr ihm über einige eigenschaften der Yahoos aufschluss geben will, bemerkt er folgendes: *"Those animals, like other brutes, had their females in common: but in this they differed, that the she Yahoo would admit the males while she pregnant"* (Gull. VII, 302). Wollen wir diese stelle aber lieber auf Rabelais zurückführen, so finden wir dort ebenfalls eine ähnliche bemerkung: *"Et si personne les (femmes) blasme de faire ratacconniculer ainsi sus leur groisse veu que les bestes sur leur ventree n'endurent jamais le masle masculant"* (Rabelais, liv. I, ch. III). Und wie geschickt versteht Swift es hier, das scharfe seciermesser seiner satire zu handhaben. Erst verleiht er den Yahoos eine gewohnheit, welche in der regel nur tieren zukommt, wie die weibergemeinschaft, setzt sie also auf die stufe von tieren, dann aber legt er ihnen kurz hinterher einen gebrauch bei, welchen alle tiere verschmähen, der aber dem menschen eigen ist — im lande der liebenden bedarf es erst eines ausdrücklichen verbotes desselben — und stellt dadurch den Yahoo und somit den menschen, den herrn der schöpfung, wie er sich so gern nennt, noch unter das tier.

Cyrano wird von den vögeln gefangen genommen, und diese strengen gegen ihn als mensch, d. h. als das von ihnen am meisten gehasste geschöpf, einen process an. Er strebt danach, diesen hass von sich abzuwälzen, um einem üblen ausgange der anklage vorzubeugen, indem er sein menschentum verleugnet und sich für einen affen ausgiebt (Voy. com. p. 279).

Einer ähnlichen fatalen lage ist Gulliver ausgesetzt. Auch er wird von den pferden für das von ihnen am meisten verabscheute geschöpf, einen Yahoo, gehalten und wendet alle mittel an, sich einer bestimmten constatierung seiner übereinstimmung mit demselben zu entziehen, indem er sorgfältig das geheimniss seiner kleidung zu wahren sucht. Beiden gelingt es jedoch nicht, ihren zweck zu erreichen. Sie werden trotzdem richtig als menschen erkannt (Voy. com. 280 und Gull. III, 277). Vielleicht ist auch die soeben citierte stelle, wo sich Cyrano als einen affen ausgiebt und erzählt, dass er in seiner frühesten jugend von den menschen geraubt sei, und dass er sich deren sitten und gewohnheiten so angeeignet habe, *"qu'à peine ses parents, qui sont Singes d'honneur, me pourraient eux-mêmes reconnaître"*, die anregung zu der bemerkung Gulliver's geworden, welcher den hass der Yahoos gegen ihn mit demjenigen vergleicht, mit welchem die wilden affen einen zahmen, wenn er in ihre gesellschaft geraten sollte, stets verfolgen würden (Gull. VIII, 304).

Beiden steht zuerst ein schlimmeres geschick als der tod bevor. Cyrano soll den „Morte triste" erleiden, d. h. durch trauerlieder zu tode gesungen werden, und Gulliver soll von seinem herrn als Yahoo behandelt werden. Dann aber tritt für beide eine etwas bessere wendung ein. Cyrano wird zu einer leichteren strafe, die aber immerhin noch den tod involviert, nämlich von den fliegen verzehrt zu werden, begnadigt, und die Houyhnhnms nehmen von dem härteren teile ihres beschlusses ebenfalls abstand und fordern etwas, was auch dem tode gleichkommt, nämlich, dass Gulliver dahin zurückschwimmen solle, woher er gekommen sei. Man beachte wohl die beiden arten der strafen in den verschiedenen werken. Die schlimmeren sind psychische und die leichteren physische.

Beide dichter aber lassen ihre helden nicht sterben, sondern ein günstiges geschick bewirkt, dass Gulliver material zum bau eines bootes findet, und dass Cyrano durch die fürsprache des papageis seiner cousine gerettet wird (Voy. com. 295--296 und Gull. X, 320). Beide werden gütig verabschiedet.

Der grund, weshalb die pferde es beanstanden, Gulliver als Yahoo in ihrem lande zu dulden, besteht in der besorgniss, dass er diese, welche ja von natur als raubtiere gebildet seien, verführen könne, den Houyhnhnms schaden zuzufügen (Gull. X, 318). Auch hier dürfte Swift wohl seiner vorlage gefolgt sein, denn in der anklage der vögel wird dem menschen Cyrano vorgeworfen, *"qu'il debauche le bon naturel de quelques-uns des nôtres, comme des Laniers, de Faucons et des Vautours pour les instruire au massacre des leurs . . . ."* (Voy. com. 289).

Nicht ganz unmöglich ist es, dass Swift die anregung zu jenem abenteuer des badenden Gulliver mit dem Yahoo-mädchen der beschuldigung entnommen, welche die mondbewohner gegen das weibliche geschlecht erheben: *"Que c'étoient les femmes principalement qui publiaient que j'étois (Cyrano) homme, afin de couvrir sous ce prétexte le désir qui les brûloit de se mêler aux bêtes et de commettre avec moi sans vergogne des péchés contre nature"* (Voy. com. 149). Man vergleiche hierzu noch die voraufgehenden worte: *"Ce n'est pas qu'en ce Pays l'impudacité soit un crime . . . ."*

Auf dem monde werden diejenigen neugeborenen, deren nasen von sachverständigen als zu kurz befunden werden, verschnitten, um eine weitere fortpflanzung eines dummen und bösen geschlechtes zu verhindern, denn mit dem besitze einer grossen nase verbindet sich hier geist, leutseligkeit, edelmut, kurz allerlei tugenden (Voy. com. 182). Dasselbe mittel der verschneidung schlägt das herrpferd in der repräsentantenversammlung vor, um die verabscheuten Yahoos allmählich ohne tötung auszurotten und empfiehlt, es besonders bei den jüngeren anzuwenden (Gull. IX, 311). Hier tritt der plagiarismus Swift's ganz deutlich hervor.

An jener stelle, wo Gulliver nicht länger das geheimniss seiner kleidung aufrecht erhalten kann und es seinem herrn offenbart, dieser aber es sehr sonderbar findet und nicht fassen kann, *"why nature should teach us to conceal what nature had given; that neither himself nor family were ashamed of any part of their bodies"* (Gull. III, 277), hat Swift sich wiederum an dem eigentum Cyrano's vergriffen. Die gründe des herrpferdes sind wesentlich dieselben, mit welchen der gastgeber auf dem monde Cyrano gegenüber die sitte ihrer edelleute, die als abzeichen nicht einen degen, sondern das „Organe de la génération“ tragen, zu rechtfertigen sucht: *"Les femelles ici, non plus que les mâles, ne sont pas assez ingrates pour rougir à la vue de celui qui les a forgées; et les vierges n'ont pas honte d'aimer sur nous, en mémoire de leur mère Nature, la seule chose qui porte son nom"* (Voy. com. 182).

Trotz des viel gerühmten verstandes der mondbewohner und pferde verfallen der wirtssohn des dämon und Gulliver's herr in den ähnlichen irrtum hinsichtlich der existenz und beschaffenheit der länder, aus denen unsere reisenden stammen. Der wirtssohn will nicht glauben, dass die erde eine welt und dass Cyrano ein bewohner derselben sei (Voy. com. 168), und das herrpferd hält es auch nicht für möglich, dass es ausser seiner insel noch ein land jenseits des meeres geben könnte (Gull. III, 275). Beide schriftsteller verfehlen aber andrerseits nicht, übereinstimmend darauf hinzuweisen, dass derartige irrtümer auch ihre eigenen landsleute begingen. Cyrano würde bei denselben auch auf unglauben stossen, falls er sich einfallen lassen sollte, zu behaupten, dass der mond eine welt sei und dass es dort länder mit einwohnern gäbe (Voy. com. 168), und Gulliver würde auch als lügner betrachtet werden, wenn er nach seiner rückkehr etwa von seiner reise nnd einem lande erzählen wollte, wo das pferd das herrschende geschöpf und der Yahoo das vieh sei (Gull. III, 279).

Auch darin bleibt Swift seinem vorbilde treu, dass er sich in der versicherung ergeht, das erlebte nach seiner rückkehr seinen mitmenschen erzählen und so den ruhm der Houyhnhnms verbreiten zu wollen. Cyrano äussert dem sohn des wirtes gegenüber: *"Et je vous promets, lui dis-je qu'en récompense, sitôt que je serai de retour dans ma Lune .... j'y sèmerai votre gloire, en y racontant les belles choses que vous m'aurez dites"* (Voy. com. 168), und Gulliver spricht sich seinem herrn gegenüber in derselben weise aus: *"If ever I returned to England, it was not without hopes of being useful to my own species, by celebrating the praises of the renowned Houyhnhnms, and proposing their virtues to the imitation of mankind"* (Gull. X, 319).

Um einen starken effekt zu erzielen, bedienen sich beide schriftsteller desselben satirischen hilfsmittels, nämlich der ohnmacht. Als Cyrano von den vögeln das todesurteil verkündet wird, fällt ein vogel in ohnmacht: *"On crut qu'elle était causée par l'horreur qu'il avoit eue de regarder trop fixement un homme"* (Voy. com. 290—291); Gulliver verfällt ebenfalls aus abscheu in denselben schwächezustand: *"As soon as I entered the house, my wife took me in her arms and kissed me; at which, having not been used to the touch of the odious animal for so many years, I fell into a swoon for almost an hour"* (Gull. XI, 328).

Jenes kleine abenteuer mit den nackten Wilden, die Gulliver auf einer insel, welche er nach kurzer meeresfahrt angelaufen hat, trifft, dürfte vielleicht seine inscenierung der episode verdanken, welche Cyrano nach seiner landung in Amerika mit nackten Indianern erlebt. Inhaltlich jedoch sind die erlebnisse beider gänzlich verschieden (Voy. com. 98 und Gull. XI, 323).

In seinem briefe "Contre les Sorciers" kennzeichnet Cyrano den grundzug seines charakters recht treffend durch jenen ausspruch: *"La raison est ma reine"* (Oeuvres diverses, Amsterdam 1741, III tomes, t. II, p. 82).

Auch in seinen "Voyages comiques" verfehlt er nicht, diesem grundsatze getreu als ein beredter anwalt der vernunft und der daraus resultierenden handlungen aufzutreten. Als bestätigung hierfür mögen von den mannigfachen belegen nur einige hier platz finden. Unter den gründen, welche der dämon, ein sonnenabkömmling, anführt, dass er gerade den mond als aufenthalt gewählt habe, figuriert auch folgender: *"Et ce qui fait que j'y demeure actuellement, c'est que les philosophes (de la Lune) ne se laissent persuader qu' à la raison et que l'autorité d'un savant, ni le plus grand nombre, ne l'emportent point sur l'opinion d'un batteur en grange, quand il raisonne aussi fortement"* (Voy. com. 122). Ein noch krasseres beispiel für die hohe wertschätzung der reinen vernunft finden wir in der landesgesetzgebung verzeichnet, die lediglich den philosophen obliegt. Sobald nämlich nach der ansicht des philosophensenats ein kind das vernünftige alter erreicht hat, ist sein vater demselben unbedingten gehorsam schuldig. Diese der unsrigen völlig entgegengesetzte sitte entspringt nach der motivierung des dämon lediglich erwägungen der vernunft (Voy. com. 154—155).

Diese wiederholte betonung der vernunft hat Swift aufgegriffen und bei der schilderung seiner pferde verwertet. Letztere sind auch nichts weiter als rationalisten. Ihr hauptargument besteht in der ausbildung der vernunft; sie allein ist das treibende agens aller handlungen. Ihrer ausserordentlichen vernunft wegen können sie die gesetzlichen einrichtungen, welche sonst alle staatswesen nötig haben, fast gänzlich entbehren. In diesem sinne äussert sich das herrpferd: *"That our institutions government and law were plainly owing to our gross defects in reason, and by consequence in virtue; because reason alone is sufficient to govern a rational creature"* (Gull. VII, 298).

Als Gulliver seinem gönner berichtet, dass in seinem vaterlande die Yahoos die herrschenden seien und die pferde, von denselben abhängig, sehr schlecht behandelt würden, erklärt dieser höchst weise: *"If it were possible there could be any country where Yahoos alone were endued with reason, they certainly must be the governing animal; because reason in time will always prevail against brutal strength"* (Gull. IV, 281).

Spiegelt sich nicht in dieser stelle derselbe gedanke wieder, welcher in der höheren schätzung geistiger siege über körperliche auf dem monde liegt? (Voy. com. 147). Diese starren gesetze der vernunft, nach welchen seleniten und pferde leben, dulden heftige gefühlsäusserungen, als mit derselben nicht in einklang und daher zwecklos, nicht. Jegliche leidenschaft ist ausgeschlossen. Auf dem monde gilt es beispielsweise als eine strafe, bei einem begräbniss mit traurigem gesichte erscheinen oder gar weinen zu müssen. (Voy. com. 179—180.) Und auch bei den Houyhnhnms offenbaren die freunde und verwandten beim bestattungsacte weder freude noch kummer. Mit ruhiger heiterkeit erträgt z. b. eine gemahlin den tod ihres soeben verstorbenen gatten und schiebt deswegen einen versprochenen besuch keineswegs auf eine passendere zeit auf (Gull. IX, 313).

Furcht vor dem tode ist Seleniten wie Houyhnhnms unbekannt. Auf beiden seiten versteht man zur rechten zeit und mit ruhe zu sterben. Kurz vor ihrem ende nehmen sie von ihren freunden abschied (Voy. com. 180—181 u. Gull. IX, 314).

Gefühle der liebe, wie diese etwa in der form der liebe der eltern zu ihren kindern oder der verschiedenen geschlechter zu einander zum ausdruck gelangen, sind hier wie dort als mit der vernunft contrastierend, völlig fremd. Man denke nur an den austausch der füllen zwischen einzelnen districten (Gull. VIII, 309), an die verschneidung der kleinnasigen kinder auf dem monde (Voy. com. 182), an die weibergemeinschaft der Lunarier und an jene stelle in den „Gull. Tr.“: *"Courtship love, presents, jointures, settlements, have no place in their thoughts; or terms whereby to express them in their language. The young couple meet, and are joined, merely because it is the determination of their parents and friends: it is what they see done every day, and they look upon it as one of the necessary actions of a reasonable being"* (Gull. VIII, 308). Die liebe jedoch, wie sie sich in der wahren freundschaft, dem edelsten und harmonischsten der gefühle, ausprägt, findet in beiden werken eine hervorragende würdigung und bethätigung. Im reiche der vögel wird ein distelfink zu einer strengen strafe verurteilt, weil er es nicht verstanden hat, sich einen freund zu erwerben. *"On l'accuse,"* so erzählt der eine wächter dem gefangenen Cyrano, *"le pourrez-vous bien croire? On l'accuse.... mais, bons Dieux! d' y penser seulement les plumes m'en dressent à la tête... Enfin, on l'accuse de n'avoir pas encore, depuis six ans, mérité d'avoir un ami.....* (Voy. com. 281—282). Diese hohe wertschätzung der freundschaft findet bei Swift den lebhaftesten nachhall. Die pferde widmen ihr die idealste pflege, sie ist eigentlich das wesentliche bindemittel, welches ihr gemeinwesen zusammenhält; ohne sie würden die glückseligen zustände bei ihnen nicht recht denkbar sein: *"Friendship and benevolence are the two principal virtues among the Houyhnhnms; and these are not confined to particular objects, but universal to the whole race"* (Gull. VIII, 307).

Obwohl Swift bekanntlich auf die philosophie nicht gut zu sprechen war, und sich mehr der Pascal'schen auffassung: *"Se moquer de la philosophie, c'est vraiment philosopher"* (Pensées, ch. IX, no. 35) zuneigte, so hat er es dennoch nicht vermeiden können, sein werk von den philosophischen ideen seines genialen vorgängers frei zu halten, wie dies schon in den vorhergehenden vergleichen ziemlich deutlich zu tage tritt. Die pferde sind eigentlich auch nur philosophen und gehören in dieselbe categorie wie die mondbewohner, in die categorie der charakterphilosophen, wie sie uns in den epikuräern und den eng damit verwandten Stoikern entgegentreten.

Die materialistischen lehren, wie sie Cyrano über das werden der geschöpfe und die unsterblichkeit vorträgt, scheinen den beifall Swifts gefunden zu haben. Die Houyhnhnms zeigen sich hierin ebenfalls als materialisten und bringen ihre adoptierten ansichten an einigen stellen zwar ziemlich schüchtern, aber dennoch so zum ausdruck, dass man zu einem einigermassen sichern schlusse kommen kann.

Cyrano ist einmal auf jener kleinen welt, welche er auf seiner reise zur sonne betreten hat, zeuge der geburt eines menschen aus der erde (Voy. com. 251). Dieselbe materialistiche auffassung scheinen die pferde zu teilen. Hierfür spricht die vorstellung, welche ein parlamentsmitglied in der grossen versammlung der Houyhnhnms vom ursprunge der Yahoos sagt: *"He took notice of a general tradition, that Yahoos had not been always in their country; but that, many ages ago, two of these brutes appeared together upon a mountain; whether produced by the heat of the sun upon corrupted mud and slime, or from the ooze and froth of the sea, was never known"* (Gull. IX, 310). Indes kann diese stelle, für sich allein genommen, als etwas zweifelhafter beleg erscheinen, insofern nämlich, als man füglich annehmen könnte, dass es nur der satiriker sei, welcher diese bemerkung laut werden lasse, um den Yahoo als schmutziges und ekelhaftes geschöpf hinzustellen. Ziehen wir aber noch jene erklärung in erwägung, welche uns Swift von der vorstellung der pferde über den tod, von der deutung des ausdrucksvollen wortes lhnuwnh giebt, das etwa so viel bedeutet als *"to retire to his first mother"* (Gull. IX, 313), unter welcher doch nur die mutter erde verstanden werden kann, so glauben wir in unserer behauptung nicht zu weit gegangen zu sein.

Cyrano glaubt an ein fortleben nach dem tode, das aber seinen materialistischen anschauungen gemäss nur auf einer rein stofflichen formveränderung beruht. Die materie allein ist ewig. Von den zahlreichen belegen hierfür wollen wir nur kurz auf einige hindeuten, auf jene höchst materialistisch gedachte wiederbelebung eines toten philosophen (Voy. com, 180 f.), auf die tröstung der beiden paradiesvögel, welche den zum tode verurteilten Cyrano zur richtstätte begleiteten (Voy. com.

291 ff.) und auf eine hierher passende stelle, wo der dämon sich so vernehmen lässt: "..... *Mais en tuant un homme, vous ne faites que changer son domicile*" (Voy. com. 161). Den unsterblichkeitsglauben in dieser form scheint Swift auch auf seine philosophischen pferde übertragen zu haben, wie dies sich in einem bildlichen vergleiche, dessen grundgedanke derselbe, wie derjenige der soeben angeführten citation seiner französischen quelle ist, ausdrückt: "*And therefore, when the dying Houyhnhnms return those visits, they take a solemn leave of their friends, as if they were going to some remote part of the country, where they designed to pass the rest of their lives*" (Gull. IX, 314).

Wenn nun aber auch die Houyhnhnms an ein höheres wesen nicht zu glauben scheinen — absolut positives können wir freilich hierüber nicht aussagen, da Swift es überall ängstlich vermeidet, bestimmtes über ihre religiösen begriffe zu offenbaren, aber der denkende leser sieht es aus allen ecken herauslugen — so würde hieraus doch noch nicht der begründete vorwurf des atheismus gegen Swift abgeleitet werden können, denn es scheint uns wenig wahrscheinlich, dass ein schriftsteller in demselben werke eine änderung seiner religiösen ansicht vortragen wird, und zumal bei einem manne wie Swift, dessen orthodoxer kirchenglaube ihn aus den reihen der Whigs in die der Tories getrieben hat. In Lilliput wird durch den unglauben an eine göttliche vorsehung unfähigkeit bewirkt, ein öffentliches amt zu verwalten (Gull. VI, 86), auf Japan macht Swift die Holländer verächtlich, welche, um dort handel treiben zu können, wie vorgeschrieben, das crucifix mit füssen treten (Gull. Part. III, ch. XI, 245—246) und bei den pferden sollte er plötzlich in das gegenteil verfallen und einen gott verneinen? Keineswegs. Swift geht nur ganz consequent vor. Ihre glaubenslosigkeit ist nur eine richtige folge ihrer steten beobachtung von vernunftsprincipien. Wenn er einmal den verstand allein als ausschlaggebend für all ihr thun bezeichnete, so konnte er ihnen auch nur eine religion zumuten, die mit dem verstande und nicht mit dem glauben zu fassen war.

Wie verwandt ausserdem die beiden schriftsteller hinsichtlich philosophischer anschauungen sind, geht daraus hervor, dass Cyrano sowohl wie Swift über die zu ihren zeiten be-

sonders geschätzten systeme ihren spott ausschütten. Als Cyrano den mondbürgern über fragen der naturphilosophie auskunft und darin seine vernunft darthun soll und sich mit selbstgefühl auf Aristoteles beruft, dessen philosophie allein in den damaligen schulen gelehrt wurde, hegen seine richter nur eine geringe meinung von seinem verstande und erklären ihn für einen strauss (Voy. com. 144—145); und als Gulliver seinem herrn die verschiedenen systeme der naturphilosophie bei seinen landsleuten auseinandersetzt, erreicht er auch nur das gegenteil von dem, was er damit bezweckt hat, statt der erwarteten anerkennung wird er einfach ausgelacht (Gull. VIII, 307). Bei dieser gelegenheit zeigt Swift eine grosse vorliebe für Socrates, den auch Cyrano am meisten von allen philosophen des altertums schätzt. *"Democrite et Pyrrhon lui sembloient, après Socrate, les plus raisonnables de l'antiquité"*, berichtet Lebret, der freund Cyrano's, in seiner Préface zur "Voyage dans la Lune" (Voy. com. p. 84). Der dämon des Socrates, der nach dessen tode nur hervorragende männer unterweist, ist auch Cyrano's lehrer und beschützer auf dem monde (Voy. com. 118ff.). Socrates selbst nimmt in der provinz der philosophen auf der sonne einen hohen rang ein, *"car c'est à Socrate, auquel on a donné la Surintendance des moeurs, qu'appartient de vous juger* (Voy. com. 340).

Als echte philosophen lieben und pflegen seleniten wie pferde die wahrheit. Der dämon führt unter andern gründen, welche ihn zum bleibenden aufenthalt auf dem monde bewogen haben, auch die an: *"C'est que les hommes y sont amateurs de la vérité"* (Voy. com. 122); und Gull. III, 275 liest man: *"They have no word in their language to express lying or falsehood"*. An einem andern orte führen beide dichter die gründe an, welche es geboten erscheinen lassen, immer die wahrheit zu sagen. Wenngleich der wortlaut bei Swift ein ganz anderer ist, so haben wir es dennoch mit einer unverkennbaren anlehnung desselben an sein vorbild zu thun, die um so auffallender ist, als der philosophische gedanke, den Cyrano hier entwickelt, ein ungewöhnlicher und eigenartiger ist. Der besseren einsicht wegen lassen wir den bezüglichen wortlaut folgen. Der nackte zwerg auf dem kleinen weltkörper, welchen Cyrano auf seiner reise nach der sonne besucht, belehrt ihn über die ursprache, die sprache der wahrheit und der natur,

so: *"Il m'expliqua, quand je me fus enquis d'une chose si merveilleuse, que dans les sciences il y avoit un Vrai, hors lequel on étoit toujours éloigné du facile; que plus un idiome s'éloignoit de ce Vrai, plus il se rencontroit au-dessous de la conception, et de moins facile intelligence .... Qui rencontre cette vérité de lettres, de mots et de suite, ne peut jamais, en s'exprimant, tomber au-dessous de sa conception: il parle toujours égal à sa pensée; et c'est pour n'avoir pas la connoissance de ce parfait idiome, que vous demeurez court, ne connoissant pas l'ordre ni les paroles qui puissent expliquer ce que vous imaginez"* (Voy. com. 246—247). Gulliver's herr giebt ihm nachstehende erklärung über den begriff von wahrheit und falschheit: *"... The use of speech was to make us nnderstand one another, and to receive information of facts: now, if any one said the thing which was not, these ends were defeated, because I cannot properly be said to understand him; and I am so far from receiving information, that he leaves me worse than in ignorance; for I am led to believe a thing black, when it is white, and short, when it is long"* (Gull. IV, 279—280).

Die mondbürger messen der dichtkunst einen hohen wert bei, denn bei ihnen besteht das geld nur in versen, deren kurs von einem besonderen prüfungshofe festgesetzt wird (Voy. com. 131). Bei den pferden wird der poesie ebenfalls eine grosse aufmerksamkeit zugewandt, und sie hat dort eine so hohe entwicklungsstufe erreicht, dass diese in derselben alle sterblichen übertreffen (Gull. IX, 312).

Lunarier und pferde befleissigen sich einer mässigen lebensweise. Die ersteren nähren sich sogar nur vom dampfe der speisen, und staatlich besoldete physiognomen schreiben jedem nach seiner körperlichen beschaffenheit art und mass derselben vor (Voy. com. 128 u. Gull. VIII, 308). Infolge dessen sind beide teile keinen krankheiten ausgesetzt (Voy. com. 129 u. Gull. VII, 301) und erreichen ein hohes alter (Voy. com. 122 u. Gull. IX, 313). Pedanten giebt es in beiden ländern ebenfalls, was Swift, dem beispiele Cyrano's folgend, kurz anführt (Voy. com. 122 u. Gull. X, 316).

Gulliver's herr kann den begriff des disputierens nur mit der grössten schwierigkeit fassen und will davon als von einer sache, die gegen die vernunft spricht, nichts wissen (Gull. VIII, 307). Ebenso denkt Cyrano: *"Bref en ce pays, on ne compte pour insensés que les Sophistes et les Orateurs*" (Voy. com. 122). Beide machen diese bemerkungen unmittelbar darauf, als sie davon gesprochen haben, dass die pferde, resp. Seleniten sich nur den gesetzen der vernunft fügten.

Fassen wir das ergebniss unserer untersuchungen noch einmal kurz zusammen, so müssen wir gestehen, dass Swift bei abfassung der „Gulliver's Travels" vielfach unselbständig verfahren ist und sogar den vorwurf des plagiarismus verdient, da er sich einige wörtliche entlehnungen hat zu schulden kommen lassen. Was die abhängigkeit Swift's von Cyrano, seiner hauptquelle, betrifft, so konnten wir hier allerdings nur anlehnungen, zum teil aber sehr starke, konstatieren, im übrigen jedoch sind gedanken aus seiner vorlage von ihm in grosser menge herübergenommen, aber vielfach in eine andre form gebracht, und zwar in so meisterhafter weise, dass man sie kaum wiedererkennen kann. Unbedingt müssen wir ferner den „Voyages comiques" einen nicht unbedeutenden einfluss auf die handlung selbst in den „Gulliver's Travel's" zugestehen.

www.ingramcontent.com/pod-product-compliance
Lightning Source LLC
Chambersburg PA
CBHW021547270326
41930CB00008B/1401

* 9 7 8 3 7 4 3 6 2 9 6 7 7 *